Fioretti
de Santa Clara

Dados Internacionais de Catalogação na Publicação (CIP)
(Câmara Brasileira do Livro, SP, Brasil)

Pereira, José António Correia
    Fioretti de Santa Clara / Frei José António Correia Pereira. – Petrópolis, RJ : Vozes, 2023.

ISBN 978-65-5713-947-9

1. Clara, Santa, m. 1253 2. Santas cristãs – Biografia I. Título.

23-154377   CDD-270.092

Índices para catálogo sistemático:
1. Santas cristãs : Biografia   270.092

Cibele Maria Dias – Bibliotecária – CRB-8/9427

Frei José António Correia Pereira

Fioretti
de Santa Clara

Petrópolis

Título original em Portugal: *Florinhas de Santa Clara*

© 2023, Editora Vozes Ltda.
Rua Frei Luís, 100
25689-900 Petrópolis, RJ
www.vozes.com.br
Brasil

Todos os direitos reservados. Nenhuma parte desta obra poderá ser reproduzida ou transmitida por qualquer forma e/ou quaisquer meios (eletrônico ou mecânico, incluindo fotocópia e gravação) ou arquivada em qualquer sistema ou banco de dados sem permissão escrita da editora.

CONSELHO EDITORIAL

Diretor	**Conselheiros**
Volney J. Berkenbrock	Elói Dionísio Piva
	Francisco Morás
Editores	Gilberto Gonçalves Garcia
Aline dos Santos Carneiro	Ludovico Garmus
Edrian Josué Pasini	Teobaldo Heidemann
Marilac Loraine Oleniki	
Welder Lançieri Marchini	**Secretário executivo**
	Leonardo A.R.T. dos Santos

Editoração: Fernando Sergio Olivetti da Rocha
Diagramação: Littera Comunicação e Design
Revisão gráfica: Nilton Braz da Rocha
Capa: WM design
Ilustração de capa: Lúcio Américo de Oliveira

ISBN 978-65-5713-947-9

Este livro teve sua primeira e segunda edições pela Editorial Franciscana em Braga, Portugal.

Este livro foi composto e impresso pela Editora Vozes Ltda.

Às Irmãs Clarissas das Fraternidades do Brasil.

Sumário

Introdução à edição Lusitana, 11

Siglas e abreviações, 15

Fontes consultadas, 17

1 Como a mãe de Clara se preparou para o nascimento da sua primeira filha, 19

2 De como Clara viveu no exílio durante quatro anos, 23

3 De como Clara escondia a sua comida para dá-la aos pobres, 29

4 Como Clara, que morava num castelo muito rico, conheceu Francisco, o filho de um comerciante de panos, 33

5 De como Clara fugiu, de noite, da casa dos pais, 37

6 De como foi recebida pelos amigos de Francisco, em Santa Maria da Porciúncula, 41

7 De como foi perseguida pela família, 45

8 Da primeira Regra que Francisco escreveu para as Irmãs de São Damião, 51

9 Da primeira vez que Clara se zangou com Francisco, 55

10 De como Clara se lembrou de pedir ao senhor papa um Privilégio muito insólito, 59

11 De como Francisco e Clara se encontraram em Santa Maria dos Anjos para comerem juntos, 63

12 Da primeira custódia de São Damião e de como rezava Santa Clara, 67

13 Como Clara curou o Irmão Estêvão com o sinal da cruz, 73

14 De como Clara educava as suas Irmãs, 75

15 De como rezava e de como Clara foi tentada durante a oração, 79

16 Da devoção especial que Santa Clara tinha a Jesus crucificado, 85

17 Da humildade de Clara e de como cuidava das suas Irmãs doentes, 89

18 Como Santa Clara, por obediência ao papa, benzeu a mesa, e como, por milagre de Deus, apareceu desenhada uma cruz em cada pão, 93

19 Como Deus revelou a Santa Clara e a Frei Silvestre que São Francisco devia ir pregar, 97

20 De como enfrentou os mouros com a custódia de São Damião e libertou Assis dos seus inimigos, 101

21 Do último sermão que Francisco pregou às Irmãs do Convento de São Damião, 105

22 Como Santa Clara se despediu de Francisco, 109

23 Como Santa Clara perdeu a paciência com o seu grande amigo, o Papa Gregório IX, 113

24 De como fez greve de fome para contrariar uma ordem do Papa Gregório, 117

25 De uma grande amiga que o Senhor lhe enviou e da ajuda que lhe deu na defesa da sua forma de vida, 121

26 De como a Irmã Clara, em Assis, e o Irmão Boaventura, em Paris, defendiam o ideal da pobreza evangélica, 125

27 Das circunstâncias que rodearam a aprovação da Regra das Irmãs Pobres, escrita pela Irmã Clara, 133

28 Das coisas maravilhosas que se deram na hora da morte da Irmã Clara de Assis, 137

29 De como Clara, depois da morte de Francisco, sonhou com o Irmão e amigo, 141

30 De como Santa Clara se tornou padroeira da televisão, 145

31 De como Santa Clara se tornou padroeira dos casais com dificuldade de ter filhos, 147

32 De como Santa Clara se tornou padroeira das bordadeiras e fiadeiras, 151

33 De outras profissões que têm Santa Clara como padroeira, 153

34 Símbolos iconográficos que representam Santa Clara, 157

Introdução à edição lusitana

Florinhas de São Francisco [*Fioretti de São Francisco*] é um dos livros mais vendidos em todo o mundo. Em muitos países foram publicadas várias edições. Diz-se mesmo que, depois da Bíblia, é a obra mais lida.

A primeira edição de *Florinhas de São Francisco de Assis,* em português, foi publicada, pela Editorial Franciscana, em 1917. A tradução saiu da pena do grande escritor franciscano Pe. Aloysio Tomás Gonçalves, que termina assim a sua introdução: "Desejamos imprimir à tradução portuguesa aquela saborosa candura e mágica simplicidade, que da antiquada e fragrante prosa italiana se desprende".

É essa candura que cativa os leitores e os transporta à genuína intuição franciscana, recordando-nos lugares e figuras dos primeiros tempos da fraternidade de Francisco. Às vezes podemos nos interrogar sobre o seu valor histórico, mas certamente não questionamos seu valor espiritual e até místico.

A Editorial Franciscana publicou a sétima edição, o que, por si só, diz muito sobre o interesse que as Florinhas [*Fioretti*] despertam no público português.

A Editorial Franciscana também publicou, em 1937, *Florinhas de Santo António de Lisboa*. A tradução foi pedida, mais uma vez, ao Pe. Aloysio, que trabalhou a partir do texto italiano de 1935. A segunda edição saiu em 1947, com um texto revisto pelo Pe. Fernando Félix Lopes, tendo em conta a "Crônica dos Frades Menores" que José Joaquim Nunes editou em 1918.

Faltava completar o tríptico, publicando *Florinhas de Santa Clara* [*Fioretti de Santa Clara*]. No essencial, o autor resume em *Florinhas...* os momentos mais importantes da vida de Clara de Assis e de suas Irmãs, tendo sempre presente os documentos biográficos autênticos, o Processo de Canonização e a Legenda de Santa Clara, documentos históricos de inegável valor. Os dados destes documentos oficiais têm sido enriquecidos com documentos até agora desconhecidos, que foram publicados nas Fontes Clareanas na Alemanha e na Itália[1]. Na datação dos fatos, seguimos as últimas investigações[2].

Nos últimos anos foram publicados muitos tratados e estudos sobre Santa Clara e o seu carisma original, que procuram mostrar, com dados bem fundamentados, o papel de Santa Clara na história da vida religiosa feminina. Com ela se iniciou um novo estilo de vida religiosa na Igreja, muito diferente do estilo de vida de tradição beneditina, que marcou a Igreja do Ocidente até o século XII.

O nosso tempo, que se apresenta com igrejas cada vez mais vazias, numa sociedade cada vez mais alheia aos valores cristãos e crítica de como a Igreja se apresenta na sociedade, é um tempo de busca e de procura de novas respostas, em clima de sinodalidade.

Nem sempre parece fácil encontrar as respostas necessárias que nos levarão por caminhos novos e

---

1. KLARA-QUELLEN. *Die Schriften der heiligen Klara – Zeugnisse zu ihrem Lebem und ihrer Wirkungsgeschichte.* Editado por Johannes Schneider e Paul Zahner. Kevelaer: Butzon & Bercker, Kevelaer, 2013. • FONTI CLARIANE. *Documentazione antica su Santa Chiara di Assisi – Scritti, biografie, testimonianze, testi liturgici e* sermoni. Ao cuidado de Giovanni Boccali, OFM, com apresentação de Marco Bartoli. Pádova: Editrici Francescane, 2015.

2. Cf. KUSTER, N.; KREIDLER-KOS, M. Neue Chronologie zu Clara von Assisi. *Franziskanische Forschung.* Vol. 51. Münster: Aschendorff, 2011, p. 287-332.

que nos ajudem a dar valor cristão às novas formas de existência com as quais nos confrontamos.

São Francisco e Santa Clara de Assis, na procura da resposta evangélica para o seu tempo, tiveram consciência de que iriam criar rupturas. Por isso, usaram de uma sólida pedagogia, a de se manterem sempre fiéis ao caminho do Santo Evangelho de Jesus e à Santa Igreja.

Com *Florinhas de Santa Clara* [*Fioretti de Santa Clara*] queremos que a figura de Santa Clara chegue ao grande público, sobretudo às novas gerações, numa linguagem simples, sem o peso dos grandes tratados científicos.

O contato com a vida simples de São Damião nos revela como é possível viver o caminho do Evangelho de Jesus Cristo. São Francisco chamava Clara de *Irmã Cristã*. Lendo os episódios da sua vida e da vida de suas Irmãs, talvez possamos descobrir que o importante, hoje e sempre, é sermos simplesmente cristãos.

Siglas e abreviações

Escritos de Santa Clara[3]
BnC – Bênção de Santa Clara
Er – Carta a Ermentrudes
1In – Primeira Carta a Inês de Praga
2In – Segunda Carta a Inês de Praga
3In – Terceira Carta a Inês de Praga
4In – Quarta Carta a Inês de Praga
RSC – Regra de Santa Clara
TestC – Testamento de Santa Clara

Fontes biográficas de Santa Clara
BLC – Bula de Canonização
LSC – Legenda de Santa Clara
PC – Processo de Canonização de Santa Clara

Escritos de São Francisco
Mn – Carta a um Ministro
Ord – Carta a toda a Ordem
RE – Regra para os Eremitérios
RnB – (Regra não Bulada)

---

3 As abreviações correspondem a *Fontes Franciscanas e Clarianas*. Org. de Frei Celso Márcio Teixeira, OFM. 3. ed. 2. reimpr. Petrópolis: FFB/Vozes, 2019.

Biografias de São Francisco e crônicas

1Cel – Primeira Vida, Tomás de Celano

2Cel – Segunda Vida, Tomás de Celano

Fior – Fioretti de São Francisco

LM – Legenda Maior, São Boaventura

LP – Legenda Perusina

LTC – Legenda dos Três Companheiros

Fontes consultadas

FONTES FRANCISCANAS I (FFI). *São Francisco de Assis – Escritos, biografias, documentos*. 4. ed. Braga: Editorial Franciscana, 2017 [Citadas como FFI].

FONTES FRANCISCANAS II (FFII). *Santa Clara – Escritos, biografias, documentos*. Tradução, introduções e notas de Frei José António Correia Pereira. Introdução às Cartas de Victoria Trivño. 2. ed. Braga: Editorial Franciscana, 1996 [Citadas como FFII].

FONTES FRANCISCANAS IV. *São Francisco de Assis – Crónicas franciscanas, documentos estranhos à Ordem*. Coordenação de Frei José António Correia Pereira. Braga: Editorial Franciscana, 2020 [Citadas como FFIV].

FONTI CLARIANE. *Documentazione antica su Santa Chiara di Assisi – Scritti, biografie, testimonianze, testi liturgici e sermoni*. Ao cuidado de Giovanni Boccali, OFM, com apresentação de Marco Bartoli. Pádova: Editrici Francescane, 2015 [Citada como FONTI].

KLARA-QUELLEN. *Die Schriften der heiligen Klara – Zeugnisse zu ihrem Leben und ihrer Wirkungsgeschichte*. Editado por Johannes Schneider e Paul Zahner. Kevelaer: Butzon & Bercker, 2013 [Citada como QUELLEN].

1

Como a mãe de Clara se preparou para o nascimento da sua primeira filha

Hortolana, exemplo de belas e abundantes virtudes, era a luz da casa dos Favarone. Seu marido, cavaleiro de nobre linhagem, descendia dos Offreduccio de Bernardino. Eram sete os cavaleiros da família.

Enquanto os cavaleiros se recreavam em torneios e jogos florais, que os preparavam para as lutas perigosas na defesa da sua cidade de Assis, em tempos de crises políticas, a *madona* cuidava do ambiente do seu castelo, esmerando-se por fazer dele um lar acolhedor.

Embora recolhida dentro das ameias do castelo, não ignorava a realidade da sua cidade. Vivia-se uma época de grandes transformações, e Hortolana interrogava-se sobre o alcance das mudanças que ocorriam na sociedade de Assis.

Aos domingos, dirigia-se à Catedral de São Rufino ou à Igreja de São Jorge para a Eucaristia dominical. Era então, quando saía do aconchego do castelo familiar, que contactava com as pessoas da sua cidade.

Na igreja ocupava o seu lugar cativo, entre as famílias nobres e ricas. Mas, muitas vezes, sentia-se incomodada com a forma como eram tratados os mais pobres da cidade, que ficavam à entrada da igreja, envergonhados, e que eram vistos com algum desprezo.

Uma amiga da casa, Pacífica de Guelfucio (PC1,4; LSC 1), que vivia do outro lado da Praça de São Rufino, afirma que Hortolana, ao contrário das outras damas da nobreza, não vivia sempre encerrada no seu castelo, longe dos acontecimentos.

Conta-nos ela que peregrinou com a Senhora Hortolana pelos caminhos que as levaram ao Santuário de Santo Ângelo e aos túmulos dos apóstolos, em Roma, lugares que poucas mulheres visitavam naquele tempo.

Também nos conta a amiga Pacífica que peregrinou com Hortolana até para além do mar, chegando a Jerusalém, a terra onde Jesus nasceu. Grande deve ter sido a emoção e o encanto, que sentiram naqueles lugares, consagrados pela vida do Senhor Jesus!

Visitando aqueles lugares, alguns muito abandonados e pobres, perceberam melhor a bem-aventurança da pobreza proclamada por Jesus.

Regressando a Assis, Hortolana e a sua amiga Pacífica começaram a olhar os pobres de maneira diferente. No rosto dos pobres como que viam o rosto de Jesus pobre, que sentiram presente nos caminhos que haviam percorrido nas terras de além-mar.

Conta também a amiga Pacífica que Hortolana, sem ninguém dar conta, visitava alguns dos pobres que tinha visto na missa do domingo, e que gostava muito de ajudar os leprosos, os irmãos mais desprezados e abandonados pela sociedade, partilhando com eles a riqueza dos seus manjares.

Nos primeiros meses de 1193, Hortolana percebeu que estava grávida da sua primeira filha. Quando sentiu já próxima a hora do parto, a futura mãe começou a visitar as várias igrejas de Assis, e diante do crucifixo (naquele tempo não havia sacrários nas igrejas) implorava a graça de um parto feliz (LSC 2).

E conta a Irmã Filipa, que, um dia, Clara lhe revelou um segredo, que a mãe lhe contara: numa das vezes que rezava perante o crucifixo, talvez na Igreja de São Jorge, ouviu uma voz interior, que jamais esqueceu: "Vai nascer de ti uma luz, que vai iluminar o mundo inteiro" (PC 3,28)[4].

O Papa Alexandre, quando anunciou a canonização de Santa Clara, certamente se recordou deste episódio, ao escrever: "Como era grande a força desta luz, e como era forte a claridade do seu brilho!" (BnC 4).

Assim, o papa proclamou que a santidade de Clara foi como uma luz, que iluminou toda a Igreja. A sua amiga Bona acreditava sinceramente que Clara foi santificada já no ventre de sua mãe (PC 17,1)[5].

---

4 Um texto do século XV, de Konrad de Bondorf, refere-se a uma antiga tradição, onde se afirmava que Hortolana, quando teve esta revelação, rezava perante o mesmo crucifixo que falou a São Francisco em São Damião. Cf. FONTI, p. 816-817; QUELLEN, p. 1.490-1.492.

5 Um sermão, conhecido por Tratado *Omnium Dominus*, do século XIV, afirma que Clara nasceu purificada do pecado original. Cf. FONTI, p. 674; QUELLEN, p. 1.415.

2

De como Clara viveu no exílio durante quatro anos

Clara nasceu numa cidade com muitos problemas. Durante muitos séculos foi governada pelas famílias da nobreza, ricas e poderosas. Cada família nobre vivia no seu castelo e tinha terrenos à volta de Assis, que eram trabalhados pelo povo simples. Também o povo, na realidade, era propriedade dos senhores nobres.

Na sociedade daquele tempo, século XII, a maior parte das pessoas vivia fora das cidades, nos campos, à volta dos castelos e das grandes abadias. Para a Igreja de então, a fundação de abadias foi a solução encontrada para dar a resposta evangélica à sociedade feudal. E tudo indica que foi uma boa resposta para aquele tempo.

Teoricamente, todos os feudos pertenciam ao imperador, que depois os distribuía pelos nobres, para lhes pagar favores. As grandes abadias, que eram como os feudos, pertenciam ao papa. Cada feudo era autônomo e autossuficiente. Por vezes, até se pagava imposto para passar de um feudo para outro. Nas cidades viviam os administrativos, muito pouca gente.

A sociedade feudal tinha uma estrutura hierarquizada. No topo da pirâmide estava o papa e o imperador, e na base o povo simples, sem direitos, que vivia quase na escravatura. Nem sempre estas duas autoridades, papa e imperador, se entendiam sobre a propriedade dos feudos.

No entanto, antes de Clara nascer, a sociedade começou a mudar. As cidades começaram a receber mais gente, que, por várias razões, queriam se libertar do jugo dos senhores feudais. Como as cidades tinham cada vez mais população, que já não dependia tanto dos nobres, começaram a aparecer os vários ofícios, para satisfazer as necessidades das pessoas da cidade.

Assim, dentro das muralhas das cidades começaram a nascer as profissões: sapateiros, pedreiros, carpinteiros, tecelões. Foi nessa altura que começou a usar-se o dinheiro, e até apareceram os primeiros bancos. Antes, era rico quem possuía muitas terras; agora, o critério da riqueza começou a ser o dinheiro, a moeda.

Assim se desenvolveu uma nova classe social, a que chamaram burguesia, porque vivia dentro do burgo, isto é, da cidade. Os comerciantes burgueses começam a percorrer toda a Europa para fazer os seus negócios.

Era nas grandes feiras que se encontravam, para trocar os seus produtos por moeda, e comprar a matéria-prima para produzirem os bens necessários. Os comerciantes burgueses exigiam mais liberdade para circular à vontade, e isso nem sempre agradava aos senhores feudais, que temiam perder direitos e poderes.

Começaram, então, os burgueses a organizar-se em associações e confrarias, para defender os seus direitos. Isto fez com que os nobres se sentissem ameaçados, com medo de perder poder e influência.

Por isso, à medida que crescia o poder dos burgueses, aumentavam os problemas entre os burgueses mais ricos e os nobres, que ainda mandavam nas cidades e não queriam, de modo algum, perder a influência social que sempre tiveram.

Os burgueses também queriam ter uma palavra a dizer sobre a administração da cidade. Assim, houve disputas locais entre os burgueses ricos, que também se chamavam *minores*, e os nobres, que também eram conhecidos como *maiores*.

Foi o que aconteceu em Assis. Em 1199, os burgueses (*minores*) revoltaram-se, destruíram a residência do representante dos nobres e derrubaram os muros da cidade. Assim começou a guerra em Assis entre os nobres (*maiores*) e os burgueses (*minores*), envolvendo também a cidade de Perúsia, que se colocou ao lado dos nobres.

Francisco, filho de um rico comerciante de panos, também quis lutar pela sua cidade, ao lado dos *minores* contra os *maiores*. E ofereceu-se para ser armado cavaleiro. O seu pai, Pedro di Bernardone, ficou radiante e eufórico. Marcou logo uma grande festa para oficializar a entrada do filho na classe dos combatentes e armá-lo cavaleiro. Efetivamente, ser cavaleiro era o grande sonho de Francisco (cf. LTC 4-5).

Muitas famílias nobres fugiram para o exílio, com medo da guerra entre Assis e Perúsia, para onde se refugiaram os nobres. Também a família de Clara deixou o seu castelo, em Assis, e refugiou-se na casa de familiares. Clara era uma criança, tinha 6 anos.

A guerra entre Assis e Perúsia durou quatro anos. Em 1203 foi assinado um acordo de paz entre burgueses e nobres. Passados dois anos, muitos nobres regressaram a Assis. Também a família de Clara regressou ao seu castelo, em 1205.

Os nobres tiveram de ceder alguns direitos aos burgueses, e estes foram obrigados a pagar a reconstrução das muralhas da cidade e alguns castelos da nobreza, que haviam sido destruídos.

Clara viveu como refugiada durante quatro anos. Tinha 10 anos quando voltou ao seu castelo. Nos quatro anos de exílio alargou os seus horizontes, conheceu outras pessoas e viveu situações que a tornaram mais sensível ao sofrimento alheio. Foram tempos de crescimento.

Francisco, o tal filho do rico comerciante, viveu momentos difíceis. Esteve preso em Espoleto e regressou a casa derrotado e deprimido. Mais revoltado ficou o pai, que teve vergonha do filho, considerando-o um fracassado.

A experiência da prisão foi um tempo de crescimento, que proporcionou a Francisco uma profunda reflexão, que o vai fazer pensar a vida de maneira diferente (2Cel 4,1-9).

3

De como Clara escondia a sua comida para dá-la aos pobres

Clara era a filha mais velha de Hortolana. Nasceu no ano de 1193. Hortolana teve mais duas filhas, Catarina, que nasceu em 1195, e Beatriz, que veio ao mundo em 1205.

Nos serões do castelo da família, sobretudo nas noites longas do inverno, no aconchego da lareira, a mãe contava-lhes, certamente, as aventuras dos Cavaleiros da Távola Redonda.

Clara nutria especial simpatia pelo rei de Gaunes, irmão de Leonel, primo de Lancelot e de Heitor. Ele foi um dos poucos que chegaram ao fim da demanda do Graal. Levar ao fim uma missão, apesar de todas as dificuldades, era algo que empolgava Clara. Por isso, admirava o rei de maneira especial.

Mas o que mais entusiasmava as filhas de Hortolana e suas amigas era quando a mãe lhes falava das peregrinações que fez com Pacífica às montanhas de Santo Ângelo, ao túmulo dos apóstolos em Roma e a Jerusalém, na peregrinação que fez aos lugares santos.

A mãe contava-lhes as aventuras que viveu, os perigos que correu e também as descobertas que fez no contato com as pessoas de outras terras e de outras culturas. Foi um mundo novo, cheio de luz e de muitas sombras, de grandezas e de muita miséria, que entrou, assim, pelos olhos e pelo coração de peregrina, colocando-lhe problemas novos. Era sobre isto tudo que Hortolana falava às filhas, à lareira, nas noites frias do inverno.

Contou, por exemplo, como conheceram pessoas de outras terras, multidões de pedintes, soldados que partiam para combater pela libertação dos lugares santos. Contou certamente de como, certo dia, ao chegar a Acre, se viu envolvida numa batalha entre cristãos e muçulmanos.

E não fugiu. Antes se ofereceu, com outras mulheres cristãs, para cuidar das feridas dos soldados, e até de alguns mouros que lhes pediram auxílio.

Como as filhas e a amiga Bona, que vivia com elas, ficavam orgulhosas! Embora fechadas no castelo, Clara, Catarina e Beatriz, desde cedo aprenderam que havia muita vida para além dos espaços seguros e acolhedores do seu lar. Era preciso alargar os horizontes.

Clara dava-se conta de que a mãe saía muitas vezes para fora do castelo. Que assuntos teria ela para tratar? – interrogava-se. Isso não era normal. A esposa de um cavaleiro só se deixava ver aos domingos, na missa da catedral (LSC 1).

Foi a amiga Bona que um dia lhe desvendou o mistério: a mãe saía muitas vezes para visitar os leprosos e para levar algum conforto aos irmãos mais abandonados e desprezados da sociedade de Assis.

A partir de então, os leprosos passaram a ser os irmãos preferidos de Clara. Queria imitar a mãe, desejava partilhar com eles a comida da sua mesa. Às vezes fingia comer, e guardava zelosamente os alimentos, para depois os fazer chegar aos leprosos, abandonados, longe dos olhares da população da cidade de Assis (PC 17,1; 20,3; LSC 3).

Era a amiga Bona que recolhia os alimentos, e depois os fazia chegar aos "irmãos cristãos". Era assim que Clara tratava os leprosos. No leproso, Clara via o Cristo pobre e ensanguentado pregado na cruz.

Certo dia, depois de ter procurado os leprosos para lhes entregar a comida que Clara juntava às escondidas, Bona encontrou um jovem meio esfarrapado, que lhe deu uma mão na distribuição da comida. Chamava-se Francisco. Vinha ali todos os dias, para estar com os leprosos.

Um dia, Francisco segredou a Bona que vinha ali porque, quando era cavaleiro, lhe apareceu um leproso no caminho. Primeiro tentou fugir, por causa do cheiro nauseabundo, mas depois voltou atrás, desceu do cavalo, deu-lhe um beijo e, de repente, o leproso desapareceu (LM I.5,1-6; LM I.6,1-4).

E começou a pensar que aquele leproso era a imagem de Jesus. Ou seria mesmo Jesus, que lhe apareceu!? O certo é que, a partir de então, a sua vida mudou. Estar com os leprosos dava-lhe cada vez mais satisfação e alegria.

Ao mesmo tempo, nas conversas com Bona, Francisco ficou sabendo que uma jovem de Assis, chamada Clara, também gostava muito dos pobres, e sobretudo dos leprosos.

4

Como Clara, que morava num castelo muito rico, conheceu Francisco, o filho de um comerciante de panos

Aquela história do jovem chamado Francisco, que ajudou Bona de Guelfucio a distribuir a comida que Clara enviara para os leprosos, nunca mais lhe saiu da cabeça. Afinal, pensou ela, nem todos os jovens perdem o tempo em danças e cantares, em noitadas e divertimentos. Aquele Francisco deve ser um jovem muito especial, pensou.

Mas também Francisco ficou curioso. Quem seria aquela jovem, que deixava de comer às escondidas para poder matar a fome aos leprosos? E deu a entender a Bona que um dia gostaria de conhecer Clara (LSC 5).

Num domingo, no fim da missa celebrada na Catedral de Assis, toda a assembleia parou. Algo de estranho se passava às portas da casa do bispo

Dom Guido. Todos eram testemunhas de como Pedro di Bernardone acusava o seu filho de lhe estragar o negócio, e pedia um castigo exemplar para aquele malandro.

Foi quando Francisco, à frente de toda a gente que saía da catedral, tirando lentamente toda roupa que trazia no corpo, atirou-a aos pés do pai e gritou cheio de alegria: "De agora em diante, quero dizer: "Pai nosso, que estais no céu" e não "meu pai, Pedro Bernardone" (LTC 20). E começou a dançar de alegria. O bispo correu a embrulhá-lo na grande capa que trazia vestida. Francisco parecia a pessoa mais feliz do mundo.

No meio da multidão, Clara, estupefata, primeiro desviou o olhar, mas depois fixou bem os olhos em Francisco e pensou: Como é possível alguém ser assim tão louco por amor do Senhor!

A partir de então, Clara desejou muito conhecer Francisco. Mas não era fácil que uma donzela da nobreza pudesse sequer falar com o filho de um comerciante rico. Foi a prima Bona que, muito às escondidas, conseguiu que Clara e Francisco se encontrassem.

Nos primeiros dois anos, Bona acompanhava Clara; mas depois, Clara, nove anos mais nova, já se encontrava a sós com Francisco (PC 17,3), que a exortava a desprezar as coisas do mundo e lhe mostrava como as riquezas são ilusórias, convidando-a a ser virgem por amor ao Senhor Jesus (LSC 5-6). Às vezes, Francisco não vinha só. Trazia consigo alguns dos jovens que viviam com ele. Um deles chamava-se Rufino e era primo de Clara.

Àquela altura, Francisco e os amigos estavam reconstruindo a capelinha de São Damião, que estava caindo de velha. Francisco dizia que as ruínas de São Damião eram uma imagem da Igreja que também precisava de ser restaurada (2Cel 10,1-8).

Bona, a amiga de Clara, conta que algumas vezes foi enviada por Clara para levar algum dinheiro a Francisco, para ele poder comprar carne para alimentar bem os jovens trabalhadores que restauravam a capela (PC 17,7).

Fechada no castelo, crescia em Clara um desejo cada vez maior de seguir o caminho de Jesus. Aos poucos, começou a perder o gosto pelo brilho dos ornamentos, para se sentir mais parecida com Jesus pobre e humilde. Desejava muito abandonar as riquezas e viver uma vida simples, como aqueles rapazes que viviam com Francisco.

Depois de ter abandonado as riquezas do pai, Francisco foi acolhido na casa do bispo Dom Guido. Este passou a ser seu conselheiro e orientador, garantindo assim que ele não se envolvesse com outros grupos de cristãos leigos, que se juntavam e se revoltavam contra a Igreja, por esta ser muito rica e pouco parecida com o rosto de Jesus pobre, tal como vem no Evangelho.

Dom Guido era visita habitual do castelo dos Favarone. Francisco informou-o dos desejos de Clara. Dom Guido e Francisco passaram a ser os orientadores de confiança de Clara. Foi com os dois que ela preparou os passos que havia de dar, até se juntar ao grupo dos amigos de Francisco.

5

De como Clara fugiu, de noite, da casa dos pais

Estávamos no ano de 1211. Clara tinha 18 anos. Já podia escolher o seu caminho. Nessa altura, os familiares tinham começado a procurar-lhe um noivo, entre as famílias nobres e mais ricas e poderosas dos arredores de Assis, de acordo com a sua linhagem (PC 18,2).

Por isso, tratou-se de colocar em nome de Clara a herança, que por direito lhe pertencia. Com uma herança abastada, mais facilmente se conseguia um casamento à altura da sua linhagem e, assim, aumentariam os bens da família.

Mas o plano de Clara era outro. Sem a família se dar conta, a jovem de 18 anos, nobre e rica, prometida em casamento a um jovem nobre e muito rico, juntou a herança toda e vendeu-a, sem ninguém se dar conta. E não devolveu o dinheiro à família. Antes, pegou nesse valor todo e mandou que fosse distribuído pelos mais pobres dos arredores de Assis (PC 19,2; LSC 13).

Assim, livre de todas as riquezas, podia entregar-se ao serviço do Senhor, logo que fosse possível (PC 12,2). Para a família, isso foi uma atitude inaceitável. Para Clara, tudo obedecia a um projeto novo para a sua vida.

Antes de vender tudo, adivinhando que os parentes a queriam castigar e exigir de volta tão elevada quantia, falou com Dom Guido e com Francisco e explicou-lhes que tinha um plano para resolver esse problema: ia fugir da casa dos pais, de noite, para se juntar, em Santa Maria da Porciúncula, aos amigos de Francisco.

O bispo ficou sem palavras e Francisco ficou muito preocupado. Mas ambos prometeram ajudar Clara.

O plano era para executar, de acordo com o bispo e Francisco. Foi tudo combinado entre os três. A fuga foi acertada para o Domingo de Ramos. O bispo combinou com Clara e Francisco, que, no domingo, caso ele descesse do altar para lhe dar um ramo benzido, isso era o sinal de que podia executar o seu plano.

Era o dia 27 de março de 1211. Na missa do Domingo de Ramos, Dom Guido desceu do altar, perante a admiração de toda a assembleia, e foi entregar, pessoalmente, um ramo bento a Clara (LSC 7). Foi quando Francisco, Clara e os Irmãos perceberam o que ia acontecer.

Nessa mesma noite, Clara fugiu, sozinha, da casa dos pais. Pediu a uma amiga, talvez Pacífica, irmã de Bona, que a ajudasse a abrir uma porta do castelo com os ferrolhos enferrujados, que há muitos anos não era usada, e depois atravessou a muralha de Assis (LSC 8).

Suspeita-se que Dom Guido lhe abriu a sua casa e a deixou sair pela porta do seu palácio. Só parou na pequena ermida de Santa Maria dos Anjos, onde era esperada pelos Irmãos. Rufino, o seu primo, veio ao seu encontro logo à saída da muralha e acompanhou-a, de noite, até à pequena ermida da Porciúncula.

Assim, nessa noite, Clara deixou a casa dos pais para sempre. Fugiu sozinha. Ainda pediu a Bona que a acompanhasse, mas Bona não estava de acordo com o atrevimento de Clara. Era a maior amiga de Clara, mas foi a única que não se integrou no seu grupo.

Consta que, depois da saída de Clara, Bona fez uma grande peregrinação até Roma, para esquecer a mágoa que sentiu (PC 17,5). E, antes de Clara deixar a casa paterna, aconselhou-a a peregrinar até Santiago, para poder amadurecer a sua decisão (PC 17,6). Mas ficou amiga até ao fim, e, já velhinha, deu o seu testemunho no Processo de Canonização (PC 17).

Clara saiu de casa naquela noite e nunca mais lá voltou. Podemos imaginar o escândalo que isso causou em Assis.

Ninguém entendia o que tinha passado pela cabeça de Clara para fugir assim, de noite, e se juntar a um grupo de rapazes cuja reputação, para muita gente de Assis, deixava muito a desejar.

Isto aconteceu no século XIII, a 27 de março de 1211. Se fosse hoje, o escândalo não seria menor.

Como se atreveu!?

6

De como foi recebida pelos amigos de Francisco, em Santa Maria da Porciúncula

Era grande a ansiedade dos amigos de Francisco, que a esperavam em Santa Maria da Porciúncula. Será que vai conseguir? – perguntavam entre si. Enquanto esperavam, cantavam a vigília sagrada.

Francisco parecia o mais feliz. Acreditava que o plano de Clara, que ele e o bispo de Assis apoiaram desde o início, ia dar certo. Pegou numa vela de cera e começou a dançar, quase extasiado.

De repente, sentiram-se uns passos. Era ela, Clara de Favarone, acompanhada pelo primo Rufino, que pedia licença para entrar. Vinha descalça, com um vestido simples. Nem parecia uma jovem da nobreza. E como estava feliz!

Então, Francisco pediu silêncio. Depois falou, baixinho, como que em segredo. Amigos e irmãos, antes de tudo, demos graças ao Deus Altíssimo, que nos enviou uma Irmã para a nossa família. Depois fez-se silêncio. E agora? – suspirou Francisco, com alguma ansiedade. O que vamos fazer?

Bernardo, o primeiro companheiro de Francisco, manifestou algum receio. Como sabeis, a fuga de Clara vai ser muito falada, comentou ele. Talvez a família, furiosa por perder uma grande herança matrimonial, venha atrás da nossa Irmã, para se vingar. Pacífico era ainda mais radical. Precisamos esconder Clara. Ela não pode ficar muito tempo vivendo conosco, aconselhou Pacífico.

Lembrem-se que no Vale de Espoleto há uma diocese de cátaros, com grupos mistos, de homens e mulheres, escandalizando os cristãos. Ainda nos confundem com eles. Rufino, o primo de Clara, guardava silêncio, de tão feliz que se sentia.

Frei Leão, que era o amigo especial de Francisco, teve uma ideia: parece-me que é prudente que os cavaleiros dos Favarone não a encontrem aqui, no meio de nós. Ainda estamos sujeitos a ser presos por rapto. Francisco, depois de ouvi-los, decidiu: logo ao amanhecer vamos levá-la ao Mosteiro de São Paulo, das Irmãs da Regra de São Bento. São nossas amigas e vão aceitá-la.

Mas, de repente, Francisco afirmou: mas, primeiro, vamos receber a profissão de Clara. Pacífico pediu a palavra e disse, um pouco nervoso, que isso era impossível. Só os senhores bispos podiam aceitar a profissão de uma consagrada ao Senhor.

Pacífico, respondeu Francisco, tens razão. Mas, com a consagração de Clara, vai começar algo novo na Igreja de Jesus, vai começar um estilo novo de consagração. Por isso, eu mesmo vou receber a sua profissão. E, tomando uma tesoura, pediu a Clara que inclinasse a cabeça e cortou-lhe os cabelos loiros. Depois mandou-os guardar (LSC 8; PC 12,4; PC 18,3).

Que lindo momento! – suspirou Frei Leão, o melhor amigo de Francisco, feliz como um cordeirinho. E, assim, neste lugar sagrado teve início na Igreja de Jesus a nova família dos pobres (PC 17,2; LSC 8). Nascia uma nova Ordem religiosa, a Ordem das Irmãs Pobres de Santa Clara.

Assim, nesta pequenina ermida de Santa Maria da Porciúncula, nasceram duas Ordens novas, a Ordem dos amigos de Francisco e a Ordem das amigas de Clara. Deus seja louvado!

Ao amanhecer, Francisco e Pacífico acompanharam Clara à igreja do Mosteiro das Irmãs de

São Paulo. O Mosteiro de São Paulo era muito rico. Nele viviam muitas filhas da nobreza dos arredores de Assis. Até possuía Direito de Asilo.

Clara cobria a cabeça com um véu, sinal da sua consagração ao Senhor. Mas, como não trazia dote com ela, porque tinha vendido tudo e dado aos pobres, a abadessa não a recebeu como candidata dentro do mosteiro. Ficou como uma das muitas servas da abadia, encarregada da limpeza da igreja do mosteiro.

Francisco caminhava, pensativo, recordando os tempos em que ele, depois de se separar do pai Bernardone, sem saber bem o que o Senhor mandava, pediu ajuda ao Mosteiro de São Veragundo, em Gúbio, onde foi recebido como ajudante de cozinha (1Cel 16,8).

Clara sentiu-se segura em São Paulo, sobretudo porque o mosteiro das beneditinas possuía o Direito de Asilo. Ninguém podia incomodá-la. Deve ter ficado ali pouco mais de duas semanas.

7

De como foi perseguida pela família

À medida que o dia clareava, no castelo da família de Clara tilintavam as armas e ouviam-se gritos de raiva. Arrearam-se os cavalos. Hortolana não parecia muito preocupada. Será que Clara tinha partilhado o seu segredo com a mãe?

Os onze cavaleiros da família dispersaram em turbilhão pela cidade, à procura de Clara[6]. Pelo caminho, um deles encontrou Rufino e perguntou-lhe se sabia onde estava a sua prima. Ele, com toda a descontração, disse-lhe que estava em São Paulo.

Todos investiram para lá, furiosos, e confiantes que podiam levá-la de volta para o castelo (LSC 9). Nem que fosse preciso usar de violência, gritava o tio Favarone.

---

[6] Algumas legendas não oficiais falam de onze cavaleiros. P. ex.: um códice polaco do século XV, que traz um resumo da vida de Clara. Cf. FONTI, p. 425.

Seguraram os arreios à entrada da igreja. Lá estava Clara, serena e feliz. Saudou os parentes, e o tio Favarone, com aparente serenidade, e com as palavras mais suaves que encontrou, tentou mostrar a Clara a vergonha que sentiam. Eles e toda a família sentiam a humilhação de verem uma donzela das famílias mais nobres e ricas de Assis transformada em criada do mosteiro. Se querias entrar em São Paulo, vinhas com o teu valioso dote, afirmaram. Mas ser criada das freiras! Nunca imaginamos passar por tal vergonha!

Mas, perante a firmeza de Clara, os nobres cavaleiros perderam a paciência e resolveram passar à violência. Se não queres vir por bem, vens por mal, vociferava o tio Favarone. Mas Clara, serena e decidida, agarrando-se às toalhas do altar (LSC 9), levantou o véu e mostrou os cabelos cortados, manifestando vontade de nunca mais se separar do serviço do Senhor.

Os parentes, vendo-a tão decidida, e lembrando-se do Direito de Asilo, recuaram e, cabisbaixos, foram saindo da igreja, envergonhados e furiosos por não conseguirem levar a cabo os seus intentos.

Pouco tempo depois, a 4 de abril, vendo que Clara não se sentia bem numa rica abadia beneditina, Francisco, Filipe Longo e Bernardo acompanharam-na até uma comunidade de senhoras leigas, que, vivendo como irmãs, com votos simples e particulares, se estabeleceram em Santo Ângelo de Panzo, a cerca de 4km de Assis, no sopé dos Carceri (LSC 10).

Entretanto, Clara, certamente por meio de Rufino, que não deixou de visitar os parentes, soube que Catarina tinha vontade de abandonar a família e seguir os passos da irmã mais velha (LSC 24).

No dia 12 de abril, logo pela manhã, talvez acompanhada de Rufino, Catarina chegou a Santo Ângelo, feliz por poder viver com a irmã a aventura do amor ao Senhor Jesus. Clara, que durante muitos dias rezou pela conversão da irmã, ficou muito feliz com a sua chegada. Rezou tanto para que este momento acontecesse!

Para os parentes, este era o cúmulo do atrevimento e da vergonha. Tal como fizeram com Clara, dirigiram-se a Santo Ângelo e tentaram dissuadir Catarina dos seus intentos. Como não aceitava os seus conselhos, cientes de que, neste caso, não havia Direito de Asilo, usaram toda a violência, tentando arrastá-la pela força.

Mas, aconteceu algo totalmente inesperado. Ao usarem a força bruta, notaram que o corpo de Catarina tinha ficado tão pesado, que por mais que tentassem não a conseguiam mover do lugar. Era como se tivesse passado a noite comendo chumbo (LSC 26).

A pedido de Clara, os parentes desistiram dos seus intentos e saíram furiosos de Santo Ângelo. A partir daí, Clara começou a tratar Catarina por Inês, em honra da mártir Santa Inês, que defendeu a sua fé com toda a determinação[7].

Poucos dias depois, Pacífica de Guelfucio, irmã de Bona, juntou-se a Clara e a Inês (PC 1,3). As três deixaram Santo Ângelo e, seguindo os conselhos de Francisco, entraram em São Damião.

A terceira a seguir Clara foi Filipa de Leonardo de Gislerio, que entrou em setembro de 1211 já em São Damião, fora da cidade, a 1km de Assis. Depois vieram as Irmãs Benvinda de Perúsia (a primeira que não era de Assis), Balbina, Cristiana de Parisse e Cecília di Gualteri, de Spello.

Em princípios de 1214, já eram oito as Irmãs de São Damião. A todas elas Francisco cortou os cabelos, consagrando-as ao Senhor.

---

7 Para os peregrinos da Terra Santa, o Mosteiro de Santa Catarina, no Monte Sinai, era um dos lugares de repouso, antes da última etapa. Há uma tradição que sugere que Hortolana deu o nome de Catarina à sua segunda filha, recordando a vida de Santa Catarina. Cf. FORTINI, A. *Nova vita di São Francesco*. Roma: Carucci, 1981, p. 414.

Desta maneira se concretizou a profecia de Francisco, que, quando restaurava a igrejinha de São Damião, pedindo dinheiro ao povo de Assis, dizia que, mais tarde, ali haviam de morar umas santas Irmãs, que louvariam a Deus para todo o sempre (2Cel 13).

Assim, depois de algum tempo de busca, Clara e as suas primeiras Irmãs descobriram aos poucos a sua vocação. Primeiro, Clara entrou num convento de Irmãs Beneditinas, que viviam segundo a Regra de São Bento. A Regra de São Bento era professada por quase todos os mosteiros femininos da Igreja, em toda a Europa. Depois entrou em Santo Ângelo, onde viviam consagradas leigas, que não professavam nenhuma regra de vida.

Clara não se sentiu bem em nenhum destes lugares. Ao entrar em São Damião, ela tentou viver uma experiência nova na Igreja. Quis fundar uma comunidade de vida religiosa diferente.

Como as primeiras companheiras de Clara eram da nobreza, iniciaram em São Damião uma vida recatada, parecida com a vida que levavam nos seus castelos, mas sem o luxo a que estavam habituadas. Não se tratava de viver em clausura, como se vivia nos mosteiros beneditinos. As Irmãs de São Damião viviam unidas à cidade e em contato com as pessoas, sobretudo os pobres e doentes.

Nenhuma das regras que eram professadas nos mosteiros de então lhe agradava. Aos poucos começou a pensar numa Regra nova, diferente das antigas, e mais exigente no seguimento do pobre e humilde Jesus Cristo.

8

Da primeira Regra que Francisco escreveu para as Irmãs de São Damião

Desde que se formou a comunidade de São Damião, Francisco cuidava das Irmãs com muito carinho. Não queria que nada lhes faltasse. Clara e suas Irmãs viviam do seu trabalho, como qualquer pobre daquele tempo e dos tempos de hoje. Francisco queria que as Irmãs de São Damião vivessem sem se preocuparem com o dia de amanhã.

Por isso, mandou construir ao lado de São Damião umas quatro cabanas, para ali descansarem os Irmãos esmoleres, que Francisco nomeava para andarem pelos povoados pedindo esmola, que depois entregavam às Irmãs.

Era um trabalho duro, mas os Irmãos de Francisco sentiam-se muito felizes por poderem ajudar as Irmãs Pobres de São Damião.

Uma vez, um dos Irmãos esmoleres zangou-se muito com Clara. Um certo dia faltou o azeite na cozinha da comunidade. A Irmã cozinheira, atrapalhada, foi correndo comunicar à Irmã Clara (LSC 16).

Como era a vez de o Irmão Bentvenga dar a volta pelos povoados, chamou-o, pedindo-lhe que fosse ver se alguém tinha azeite de sobra. Sendo já ao fim do dia, o Irmão ficou um pouco maldisposto, pedindo a Clara que lhe trouxesse, depressa, a bilha vazia e a colocasse sobre o muro.

Quando viu a bilha, o pobre do Irmão Bentvenga pegou nela para se pôr a caminho. Ao pegar nela, sentiu que estava cheia. Ficou zangado, pensando que Clara andava a brincar com ele e protestou (PC 1,15). Porventura, foi este um dos primeiros milagres que fez a Irmã Clara.

Mas Francisco não cuidava só de alimentar as Irmãs. O que mais o preocupava era o seu crescimento espiritual. Por isso, uma vez que Clara, tal como Francisco, não queria de forma alguma aceitar a Regra de São Bento, escreveu a primeira Regra para São Damião. É um texto pequenino, que vale a pena copiar aqui:

> Pois que, por inspiração divina, fizestes-vos filhas e servas do altíssimo e soberano Rei e Pai celeste, e vos tornastes esposas do Espírito Santo, abraçando uma vida

> conforme à perfeição do Santo Evangelho, eu quero e prometo, em meu nome e em nome dos meus Irmãos, ter para convosco, como tenho para com eles, diligente cuidado e solicitude particular (RSC 6,3-5).

É um texto muito bonito. Foi o primeiro texto que Francisco escreveu. E foi escrito para as Irmãs de São Damião. Parece que foi neste texto que, pela primeira vez, se diz que uma cristã pode ser Esposa do Espírito Santo. Clara achou-o tão bonito que, mais tarde, em 1253, quando escreveu a sua própria Regra, o copiou para constar do texto.

Já no fim da sua vida, quando Francisco se despedia das Irmãs, deixou-lhes um outro escrito, a sua *Última vontade*, que também ficou na Regra de Santa Clara:

> Eu, o pequeno Irmão Francisco, quero seguir a vida e a pobreza do Nosso Senhor Jesus Cristo e da sua Santíssima Mãe e perseverar nela até ao fim, e rogo-vos, minhas senhoras, e vos aconselho, que vivais sempre nesta santíssima vida e pobreza. E conservai-vos muito atentas, para que de nenhum modo jamais vos afasteis dela, por ensinamentos ou conse-

lhos, de onde quer que venham (RSC 6,7).

Francisco tinha mesmo um carinho muito especial por Clara e pelas Irmãs de São Damião, e queria que nunca fossem abandonadas pelos seus Irmãos Franciscanos (LTC 29).

9

Da primeira vez que Clara se zangou com Francisco

Na primavera de 1214, Francisco cismou que havia de peregrinar até à Espanha. Há muito que desejava caminhar até Santiago de Compostela e, caso fosse possível, chegar a Marrocos, onde desejava dar testemunho da fé, no meio dos muçulmanos (1Cel 55).

Mas, antes de partir, teve uma conversa com Clara, para prepará-la para algumas mudanças que teriam de haver em São Damião.

Francisco estava consciente de que era o responsável pelas Irmãs. Foi ele que lhes cortou os cabelos, ficando elas, assim, sob a sua jurisdição. Ele era o responsável pela fraternidade. Se ele deixasse Assis, quem havia de ficar no seu lugar? Francisco ainda pensou em Frei Leão, como seu substituto.

De repente, teve uma ideia e foi comunicá-la a Clara: minha querida Irmã, o Senhor chama-me para ir ao encontro do mundo dos infiéis. Vou viajar para a Espanha e depois, se conseguir, para Marrocos. Vou estar muito tempo sem poder visitar-vos. Alguém, na minha ausência, tem de assumir a responsabilidade pela vossa fraternidade. O Senhor fez-me ver que só tu, querida Irmã Clara, podes ficar no meu lugar. Tens de aceitar a direção das Irmãs de São Damião (LSC 12).

Clara prometeu obediência a Francisco e nunca se desviou do caminho que escolheu, através do seu amigo e Irmão. Mas, naquele momento, ficou assustada. Nunca lhe tinha passado pela cabeça que um dia teria de aceitar o cuidado das Irmãs de São Damião. Ela foi a primeira, mas não era a mais velha. Não podia aceitar, de maneira nenhuma. Ficou mesmo zangada com Francisco.

Primeiro tentou convencer Francisco a desistir da viagem. Sabia dos problemas de saúde que ele tinha. Juntou todos os argumentos para convencer o Irmão e amigo. Mas Francisco não desistiu do seu projeto.

O que mais lhe custava é que Francisco, além de lhe entregar o governo das Irmãs, também insistia em que ela devia aceitar o título de abadessa. Mas que ideia! – pensou ela. Francisco bem sabia que Clara nunca quis saber desse título. E não era só por uma questão de humildade. O título de abadessa lembrava-lhe o estilo de vida das abadias, que ela não queria viver em São Damião. Ela só queria ser mais uma Irmã, entre as outras Irmãs.

Ela pretendia, sobretudo, marcar a diferença da sua fraternidade com os mosteiros das monjas beneditinas, que eram presididas por abadessas e prioresas, muito consideradas pela sociedade. Algumas até exerciam autoridade sobre a população, que vivia à volta dos mosteiros.

Mas, "vencida pelos instantes rogos de Francisco, que a tanto quase a obrigou, Clara aceitou o governo das Irmãs" (PC 1,6). E, perante as autoridades eclesiásticas, era importante que também aceitasse o título de abadessa.

Efetivamente, Francisco temia que algum dos Irmãos, ou até algum dos senhores cardeais, quisesse ficar no seu lugar governando as Irmãs, orientando-as para a tradição beneditina.

Assim, por amizade a Francisco, Clara aceitou o governo das Irmãs e também o título de abadessa, mas procurou dar um significado novo ao título que recebeu. Ser abadessa, para ela, era ser mãe e a mais humilde das suas Irmãs. Mesmo com o título de abadessa, "não cresceu nela o orgulho, mas o temor, não aumentou a independência, mas a capacidade de serviço [...]" (LSC 12).

Dessa forma, acabou bem a zanga entre Clara e Francisco. Apesar de ter concordado com o título, Clara não perdeu a simplicidade e continuou a ser a Irmã e serva de todas as suas Irmãs e Francisco ficou muito feliz e partiu, descansado, para a Espanha.

Clara chorou ao vê-lo partir, e ficou rezando, em segredo, pedindo ao Senhor que o trouxesse de volta o mais rápido possível. E o Senhor ouviu-a.

Passado menos de um ano, Francisco regressou, triste por não ter chegado ao mundo dos infiéis. Vinha muito desanimado e doente, e foi Clara que o tratou. A partir de então, Clara nunca mais deixou de ser a enfermeira de Francisco.

10

De como Clara se lembrou de pedir ao senhor papa um Privilégio muito insólito

Nos tempos de Clara e de Francisco, o senhor papa, que nem sempre vivia em Roma, tinha muito poder em toda a Europa. Vivia-se numa época em que todos os reinos eram católicos. Por isso, quase nada acontecia sem que o senhor papa fosse informado.

E muitos católicos, quando tinham algum problema, dirigiam-se ao senhor papa para pedir favores ou para confirmar direitos. Havia então, nos gabinetes da Santa Sé, minutas, textos já preparados, para dar resposta rápida aos pedidos dos cristãos de todos os países europeus.

Também Francisco, quando já havia um número razoável de companheiros, sentiu que devia pedir licença ao senhor papa, que então se chamava Inocêncio III, para que os deixasse viver pobres e pregar a penitência e a paz. Naquele tempo havia muitos grupos de cristãos, mais ou menos organizados, que pregavam sem licença do papa. Francisco nunca quis tomar decisões sem antes consultar o bispo de Roma.

Assim, na primavera de 1209, Francisco escreveu um texto muito pequenino sobre a forma como desejava viver, juntou os onze Irmãos que já havia, e peregrinaram todos até Roma. Depois de algumas peripécias foram recebidos pelo Papa Inocêncio III, que lhes deu uma aprovação oral: "Ide pelo mundo, Irmãos, e conforme Ele se dignar inspirar-vos, assim pregai a todos a penitência [...]" (1Cel 32-33).

Passados alguns meses, em maio desse ano, regressaram a Assis, felizes por poderem viver a forma de vida que escolheram.

Quando Francisco partiu para a Espanha, Clara sentiu que também devia pedir a aprovação do senhor papa para viver a forma de vida que escolhera viver, muito diferente das outras comunidades monacais. A maior parte das comunidades professava uma pobreza pessoal, mas os mosteiros, na realidade, eram muito ricos, com muitas propriedades, que lhes davam segurança quanto ao futuro.

Para imitar, de maneira radical, a pobreza de Jesus, Clara pretendia não só que as Irmãs vivessem pessoalmente pobres, mas que também a comunidade fosse pobre, sem bens. Por isso, nunca aceitou propriedades para o Convento de São Damião. Queria viver como os pobres, trabalhando e confiando na mesa do Senhor, na generosidade dos outros Irmãos.

Infelizmente, os senhores papas, com medo de que as Irmãs de São Damião passassem fome, sempre quiseram que o convento aceitasse propriedades como garantia do seu sustento.

Por isso, quando Francisco partiu para a Espanha, em 1214, Clara escreveu ao Papa Inocêncio III e pediu-lhe que assinasse um documento que aprovasse a sua forma de vida. Chamou-lhe o *Privilégio da Pobreza.*

Consta que o Papa Inocêncio III, ao considerar que um tal pedido nunca tinha sido solicitado à Santa Sé, ficou muito contente.

Por isso, "[...] tão insólito pedido exigia um não menos insólito favor, e o mesmo papa, pelo próprio punho, escreveu com grande alegria o primeiro esboço do privilégio pretendido" (LSC 14).

Clara pedia ao papa o *Privilégio* de não ter propriedades, para poderem ser pobres como Jesus. E o papa confirmou: "determinamos, por força do presente escrito, que ninguém vos possa obrigar a receber propriedades" (*Privilégio da Pobreza.* FFII, p. 291-295).

O *Privilégio da Pobreza*, escrito pela mão do Papa Inocêncio III, foi o primeiro documento oficial que a Santa Sé enviou às comunidades fundadas por Francisco. Há quem afirme mesmo que este documento é dos mais importantes e mais espirituais de toda a história dos papas[8].

Quando o papa, depois de escrever o texto pelo seu próprio punho, o entregou, Clara chorou de alegria e louvou o Senhor. Ninguém mais podia incomodá-la quanto ao futuro.

O *Privilégio da Pobreza* era a regra, a forma de vida, que ela desejava abraçar.

Para ela, a segurança maior era seguir a pobreza de Jesus, sendo "amigas do silêncio e irmãs da cidade", como, muitos séculos mais tarde, escreveu um Irmão franciscano, do ramo dos capuchinhos[9].

---

8 Cf. KOSER, C. El privilegio de la pobreza de las Clarisas. *Selecciones de Franciscanismo*, 221, 1979, p. 147.

9 KUSTER, Niklaus, *Stadt und Stille – Klaras Gemeinschaft im Spannungsfeld von Mystik und Politik*, em *Klara von Assi-*

11

De como Francisco e Clara se encontraram em Santa Maria dos Anjos para comerem juntos

Nos primeiros anos de São Damião, Francisco aparecia muitas vezes por lá, para visitar as Irmãs e conversar com a Irmã Clara, "para lhe dar santas instruções" (Fior 19). Mas, quando o grupo dos Irmãos cresceu, Francisco já não tinha tanto tempo para estar com elas. Tinha de visitar os seus Irmãos, espalhados por muitas terras. Mas recomendava a Frei Elias que as visitasse em seu nome. E as Irmãs sempre gostaram muito de Frei Elias.

A ausência de Francisco trazia muito tristes as Irmãs e, sobretudo, Clara, que tinha saudades do Irmão e amigo. Um dia segredou a um dos Irmãos, certamente a Frei Elias, em quem muito confiava, que, uma vez que Francisco não tinha tempo para

---

si – Gestalt und Geschichte. Mönchengladbach: E. Schneider, 2013, p. 135.

ir a São Damião, ao menos que permitisse que ela fosse ter com ele a Santa Maria dos Anjos, para comer ao menos uma vez com ele.

Os Irmãos tentaram convencer Francisco a dar-lhe esse gosto. Uma vez que ela abandonou as riquezas através da tua pregação, argumentavam os Irmãos, deves conceder-lhe essa alegria. Já que a tratas como tua plantazinha (LTC 37.39), como podes ser tão insensível e não atender o seu desejo!

Francisco respondeu:

– Parece-vos, então, que devo atender os desejos de Clara?

Ao que todos em coro responderam:

– Sim, digna coisa é que lhe dês esta grande consolação.

– Pois, se a vós parece bem, disse Francisco, também a mim. E, para que a sua alegria seja ainda maior, desejo que esta refeição seja feita em Santa Maria dos Anjos. Certamente que, depois de tantos anos reclusa em São Damião, deve ficar muito feliz por voltar a Santa Maria dos Anjos, onde foi recebida na nossa fraternidade.

No dia combinado, alguns Irmãos foram a São Damião buscar Clara, que saiu do convento acompanhada de uma das Irmãs, talvez Pacífica.

Dirigiram-se todos a Santa Maria dos Anjos. Pelo caminho, Clara louvava o Senhor pelo que via à sua volta, feliz por voltar a rezar diante do altar, onde Francisco lhe cortou os cabelos, consagrando-a ao Senhor.

Francisco pediu a Rufino para preparar uma mesa sobre a terra nua. Chegada a hora, sentaram-se todos em volta, Francisco e os Irmãos, e Clara e a Irmã que a acompanhou. Antes de chegar o primeiro prato, Francisco abençoou a mesa, começando a falar de Deus, "tão suavemente, tão maravilhosamente, que, baixando sobre eles a abundância da divina graça, todos foram arrebatados ao céu" (Fior 19).

Passado pouco tempo, os habitantes dos arredores de Assis, de Betona e dos lugares vizinhos viram como todo o bosque em volta ardia, e que as chamas estavam chegando a Santa Maria dos Anjos. Correram para lá, para apagar o fogo. Mas, quando chegaram, não havia sinais de incêndio. Só encontraram Francisco e Clara e os Irmãos, de mãos erguidas, em êxtase, a louvar o Senhor.

Afinal, pensaram, aquele fogo era divino e não material. Significava o fogo do amor autêntico que ardia nos corações de Francisco e Clara e seus Irmãos e Irmã. E regressaram a casa, consolados.

Depois de largo tempo, também Francisco e Clara e os Irmãos e a Irmã voltaram a si, e Clara regressou a São Damião, para grande alegria das Irmãs, que esperavam ansiosamente por ela.

12

Da primeira custódia de São Damião e de como rezava Santa Clara

Em novembro de 1215, o senhor Papa Inocêncio III convocou uma reunião com todos os responsáveis eclesiásticos e políticos, para a Basílica de Latrão, em Roma. Assim foi convocado o IV Concílio de Latrão. Era a quarta vez que a Igreja se reunia em Concílio naquela grande basílica, a mais antiga das basílicas, e cátedra do bispo de Roma.

Havia muitas razões para convocar esta reunião. Marcaram presença mais de 400 bispos e mais de 1.200 clérigos, 800 abades de mosteiros e representantes de todos os reinos cristãos mais antigos. Mesmo aqueles reinos que se tinham convertido à fé muito recentemente, como a Boêmia, a Hungria, a Polônia, a Letônia e a Estônia também foram convocados. Segundo uma tradição, também Francisco esteve presente representando os Irmãos.

No fim, saíram normas importantes sobre muitos assuntos. Havia muitos grupos de cristãos que queriam fazer apostolado e formar novas ordens religiosas, e que precisavam de orientações. Como havia muita confusão em relação a novas comunidades religiosas, o Concílio proibiu que se escrevessem novas regras. Todas as novas comunidades tinham de aceitar uma Regra antiga, a de São Bento ou de Santo Agostinho ou a de São Basílio.

Quando esta lei saiu, Francisco e Clara encontraram-se em São Damião e louvaram a Deus por não serem atingidos por essa norma. Francisco tinha uma Regra aprovada, oralmente, pelo senhor papa de Roma, em 1209, e Clara tinha recebido a aprovação do *Privilégio da Pobreza*, a sua verdadeira Regra, em 1214. Não estavam obrigados a seguir aquela norma do Concílio.

Houve também uma declaração dogmática muito importante sobre a Eucaristia. Era fé comum que a presença do Senhor na hóstia consagrada não continuava para além da missa. Por isso, não eram precisos sacrários para guardar as hóstias que sobravam.

Mas o IV Concílio de Latrão definiu que a presença do Senhor na hóstia consagrada continuava depois de terminar a santa missa. A partir daí, todas as igrejas e capelas podiam ter sacrários para guardar as hóstias consagradas que não eram consumidas durante a missa.

Clara recebeu essa notícia com uma enorme alegria. E cuidou logo de arranjar um pequeno sacrário para São Damião. Alguns dizem mesmo que tinha quase a forma de uma custódia, e que seria até a primeira custódia de toda a Igreja. Uma das primeiras foi, com certeza.

Ao mesmo tempo, começou a enviar jogos de corporais que ela mesma fazia para todas as igrejas e capelas do vale e das montanhas de Assis. Queria que os sacrários e capelas de todas as igrejas tivessem jogos de corporais bonitos: "[...] conseguiu fazer mais de cinquenta jogos de corporais, que, metidos em bolsas de seda ou púrpura, eram depois enviados às várias igrejas do vale e das montanhas de Assis" (LSC 28; PC 1,11), que mandava ao senhor bispo para serem benzidos (PC 2, 12).

Ainda hoje, muitas comunidades de Irmãs Clarissas seguem o exemplo de Clara, dedicando-se a bordar corporais e sanguíneos para servirem nas igrejas, e também a fabricar hóstias.

E muitas comunidades de Irmãs de Clara, espalhadas por todo o mundo, dizem-se Adoradoras do Santíssimo Sacramento. É uma forma de seguir o exemplo de Clara, que sempre teve uma grande devoção ao Sacramento do Altar.

Dizem as fontes que, "quando se preparava para a receção do Sacramento da Eucaristia, desfazia-se em lágrimas e, ao aproximar-se a tremer, reverenciava tanto o Senhor escondido no Sacramento como o Senhor glorioso que governava o céu e a terra" (LSC 28).

Desde que o Convento de São Damião recebeu o primeiro sacrário, era em frente dele que Clara se prostrava e rezava. Durante horas e horas, Clara permanecia junto ao sacrário contemplando o mistério de Deus, que para nós, como dizia Francisco, "se esconde nas aparências de um pedacinho de pão" (Ord 27).

Para Clara, contemplar o mistério da Eucaristia era como estar perante um espelho, no qual ela via o rosto do pobre e humilde Jesus Cristo. Por isso, ela dizia a Santa Inês de Praga e a todos nós: "Contempla diariamente este espelho [...]. Observa nele o teu rosto [...]. Neste espelho poderás contemplar, com a graça de Deus, como resplandece a bem-aventurada pobreza, a santa humildade e a inefável caridade" (4In 15-17).

Rezar, para Clara, não era dizer muitas palavras ao Senhor, mas contemplar e aprender na contemplação a viver como cristã: "Olha, medita, contempla, e que o teu coração se inflame na sua imitação" (2In 20; cf. 2Cor 3,18).

Santa Clara é, ainda hoje, uma grande mestra da vida espiritual. As cartas que escreveu à sua amiga Inês de Praga são um compêndio de espiritualidade.

13

Como Clara curou o Irmão Estêvão com o sinal da cruz

Francisco conhecia bem Clara, e sabia que muitos doentes acorriam a São Damião para se libertarem dos seus sofrimentos.

A comunidade de São Damião não vivia fechada ao contato com as pessoas, como acontecia nos antigos mosteiros. Elas queriam viver a pobreza, acolhendo os pobres e ajudando todos os que sofriam.

Clara usava um remédio muito eficaz: "Muitas vezes, quando traçava o sinal da cruz redentora sobre os enfermos, eles ficavam aliviados das doenças" (LSC 32). O alívio espiritual ajuda a curar até os males físicos.

Quando Francisco, nas suas andanças pelas várias fraternidades, encontrava um Irmão mais triste e acabrunhado com males do espírito, logo o mandava a São Damião. Sabia que às vezes bastava só uma conversa com as Irmãs para que o Irmão se sentisse mais aliviado.

Francisco andava preocupado com o Irmão Estêvão. O pobre, às vezes, andava tão desorientado, que até parecia louco. Sofria e fazia sofrer os outros. Então, Francisco mandou-o a Clara, que o recebeu sem pressas, conversou com ele, mandou vir as Irmãs para o saudarem e lhe cantarem um daqueles cânticos que só elas conheciam. Depois, traçou sobre ele o sinal da cruz e o Irmão ficou muito mais aliviado.

O pobre do Irmão Estêvão sentiu logo melhoras. Até adormeceu ali mesmo, no lugar onde a Irmã Clara costumava rezar (PC 2,15). E, passadas algumas horas, aliviado dos seus males, quis logo regressar à companhia de Francisco. Mas a Irmã Clara chamou uma das Irmãs para lhe trazer comida, que ele saboreou com prazer.

Assim, aliviado dos males físicos e psíquicos, o bom Irmão voltou à companhia de Francisco. E diz a testemunha do *Processo* que ele nunca mais voltou ao Convento de São Damião. Ficou curado para sempre.

E o senhor Papa Alexandre IV, na Bula que anunciou a canonização, não se esqueceu deste milagre. Ao falar de como a santidade de Clara resplandecia para fora do convento, lembra: "Até curou um frade da loucura" (BLC 18).

14

De como Clara educava as suas Irmãs

A Irmã Clara não era a mais velha do mosteiro, mas, como responsável pela comunidade, sentia que devia dar formação às suas Irmãs. E, como mestra de pessoas de pouca cultura, usava uma tal pedagogia, que as fazia progredir com segurança (LSC 36).

Primeiro, ajudava as Irmãs a silenciarem o coração de todos os ruídos exteriores, para fixarem os sentidos na intimidade com Deus.

No entanto, o ambiente dentro do Convento de São Damião não era como o ambiente dos antigos mosteiros, onde se falava quase só com gestos. Na sua regra deixou escrito: "Todavia, podem, sempre e em qualquer lugar, comunicar em poucas palavras e em voz baixa o que parecer necessário" (RSC 5,4).

Clara sabia que fazer silêncio não era estar calada, mas escutar, para perceber os projetos de Deus.

Depois deste primeiro passo, Clara ensinava às Irmãs a esquecer a casa paterna e os familiares, para se concentrarem só no Senhor.

Também as instruía sobre como não dar importância às exigências do corpo, e a dominá-lo com o império da razão. Ensinava-as também a dominar as tentações do maligno, "que tenta de maneira diferente santos e pecadores" (LSC 36).

Desejava que durante todos os dias tivessem horas de trabalho. Em São Damião todas as Irmãs trabalhavam, como fazem todos os pobres. Nos antigos mosteiros, os trabalhos para manutenção do mosteiro eram feitos por servas, que não eram professas.

A comunidade de São Damião vivia dos trabalhos manuais, que as Irmãs faziam dentro do mosteiro, e da horta onde cultivavam os legumes necessários. Eram pobres, a viver com e como os pobres.

Como ótima formadora, era no seu estilo de vida que as Irmãs mais aprendiam. Por exemplo, quando ordenava alguma coisa às Irmãs, fazia-o "com muito respeito e humildade, preferindo as mais das vezes ser ela própria a executar os trabalhos do que a mandar outras fazê-los" (PC 1,10).

As Irmãs recordam no Processo de Canonização que a Irmã Clara era muito "sensível aos sofrimentos dos outros" (PC 3,3). Além de Irmã e Mãe, era também a enfermeira da comunidade, porque "ela própria cuidava do asseio das doentes" (PC 3,9).

Muitas Irmãs testemunharam de como foram curadas pelo sinal da cruz, que Clara traçou sobre elas.

Sempre que uma Irmã doente manifestava o desejo de comer alguma comida especial, Clara tudo fazia para satisfazê-la. Foi o caso de uma Irmã muito doente, que manifestou a Santa Clara o desejo de comer uns frutos raríssimos, que só se encontravam no Vale de Topino, perto de Nocera. Perante os desejos da Irmã, Clara invocou o Senhor e, naquele mesmo instante, um jovem apareceu na portaria, trazendo num cestinho os frutos tão desejados pela Irmã doente[10].

Assim, com a instrução de Clara se criou um ambiente propício ao crescimento espiritual das Irmãs. Diz a legenda: "Em nenhum lugar era maior

---

10 Este milagre não consta no Processo de Canonização. No entanto, vem descrito na vida de Clara um códice da Baviera, da segunda metade do século XIII. Cf. FONTI, p. 776-777; QUELLEN, p. 1.418. O mesmo acontecimento é contado pela Irmã Balbina, falecida em 1278. Em vez de frutos, a Irmã doente teria desejado trutas do Vale de Topino e pão de Nocera. Cf. QUELLEN, p. 839.

a observância do silêncio, em nenhum outro houve tanta coerência entre a aparência e a realidade" (LSC 36).

E, quando juntava as Irmãs para lhes falar, procurava sempre convencê-las de que uma fraternidade só agradava a Deus se fosse rica de pobreza, e que só podia durar para sempre se fosse "protegida pela única muralha capaz, a torre da altíssima pobreza" (2Cel 70; PC 13,3).

15

De como rezava e de como Clara foi tentada durante a oração

Algumas das testemunhas do *Processo* afirmaram que Clara era muito assídua na oração, de dia e de noite (PC 2,9). Que, pela meia-noite, chamava as Irmãs para a oração, e era ela que acendia as velas e tocava o sino. E que conversava muito sobre as coisas de Deus, com muita devoção e com muita reverência.

A Irmã Amada (PC 4,4) afirma que Clara era muito assídua na oração e na contemplação e que, quando regressava da oração, o seu rosto tornava-se mais claro e belo, quase como o sol, e que das suas palavras emanava uma doçura maravilhosa. Até parecia que vivia no céu, dizia a Irmã Amada, e também a Irmã Cecília (PC 6,3-5).

E afirmou também a Irmã Cecília, que muitas vezes a oração de Clara era acompanhada de muitas lágrimas, mas que, quando contactava com as Irmãs, manifestava sempre grande alegria, e que nunca se alterava com elas, e com todas era amiga e benevolente.

Todas sentiam que a oração a convertia, e isso notava-se no contato com as Irmãs. Percebiam que a boa oração não se mede pelas horas que se passa à frente do sacrário, mas pela vida que se tem na relação com os Irmãos. A sua oração transformava-a.

Era pela oração transformante que Clara ardia em desejo de se identificar com o seu Senhor. Para ela, Jesus Cristo era o espelho que se olha, que se medita, que se contempla e que se imita.

Por isso, a ânsia de se identificar com o Senhor era tanta, que, quando soube que uns Irmãos tinham sido martirizados em terras de mouros, quis logo partir para Marrocos (PC 6,6; 7,2).

A Irmã Beatriz, a Irmã mais nova de Clara, resumiu em poucas palavras o que foi a vida da sua Irmã, e de como a oração e contemplação a transformou em modelo para todas as Irmãs de São Damião. Assim, declarou que a madona Clara governou o mosteiro com muita santidade e prudência, e que Deus, por seu intermédio, fez muitos milagres (PC 12,6).

Quando lhe perguntaram como se notava que era santa, respondeu que isso era patente na virgindade, na humildade, na paciência, na firmeza e doçura das exortações que fazia às Irmãs, na assiduidade à oração e contemplação, no fervoroso amor a Deus, e no desejo do martírio, e sobretudo no amor ao *Privilégio da Pobreza*.

Mas a sua maior devoção era para com o Sacramento do Altar. A Irmã Francisca (PC 9,10) conta que uma vez, estando Clara tão doente, a ponto de pensarem que ela poderia morrer, chamaram um sacerdote para ministrar-lhe a Sagrada Comunhão.

E foi naquele momento que a testemunha viu como que um grande resplendor sobre a cabeça de Clara. E, logo depois da comunhão, disse as seguintes palavras: "O Senhor me deu hoje tão grandes benefícios, que nem o céu e a terra podem ser comparados a eles" (PC 9,10).

Receber o Senhor do céu e da terra deixava Clara fora de si. Que Deus é este, que se esconde debaixo de um pedacinho de pão, para nos alimentar todos os dias, pensava a Irmã Clara, deslumbrada com a humildade do nosso Deus (Ord 27).

Mas muitas vezes era tentada durante a oração. Conta a legenda (LSC 19) que, de uma vez, no silêncio da noite, o anjo das trevas lhe apareceu, em forma de menino de tez escura. E, para a consolar, disse-lhe: "Não chores assim, que podes ficar cega". Mas a Irmã Clara retorquiu-lhe: "Não ficará cega quem contemplar a Deus". Vencido, o tentador deixou-a.

Porém, mais tarde, já de noite, o tentador voltou a apoquentá-la, dizendo-lhe: "Não chores tanto, que ainda derretes o cérebro, que pode escorrer-te pelo nariz e ficar com ele torto". Mas Clara respondeu-lhe: "Não sofrerá deformação alguma aquele que serve o Senhor". E o maligno pôs-se em fuga e desapareceu por uns tempos[11].

Não admira, pois, que muita gente, sobretudo os mais pobres, se aproximassem de São Damião pedindo graças à Irmã Clara. Eram inúmeras as pessoas que recorriam a ela, nos sofrimentos físicos e espirituais. E muitos sentiram-se curados dos seus males.

---

11 Este episódio aparece em muitas legendas não oficiais. A *Legenda Aurea*, publicada por volta de 1267 – o texto então mais lido depois da Bíblia, segundo se afirmava –, dá nota desses acontecimentos com algum pormenor quando se refere à vida de Clara. Cf. FONTI, p. 432.

Mas o mais admirável é que até o senhor Papa Gregório IX (LSC 27) se tenha encomendado às suas orações. Mesmo antes de ser papa, sempre que estava perante um problema de difícil solução, escrevia a Clara pedindo ajuda[12].

Era o vigário de Cristo, que, com toda a humildade, recorria à serva de Cristo e se recomendava às suas orações.

---

12 Cf. FFII, p. 431-434, onde são publicadas as cartas, quando ainda era Cardeal Hugolino, e, mais tarde, como Gregório IX.

16

Da devoção especial que Santa Clara tinha a Jesus crucificado

Conta a Irmã Benvinda, uma das testemunhas do Processo de Canonização, que Santa Clara lhe ensinou "a ter sempre presente a memória da Paixão do Senhor" (PC 11,2).

Diz a legenda que o sofrimento da Paixão do Senhor lhe era muito familiar e "que ficava inebriada ante as lágrimas de Cristo", e não esquecia no seu espírito Aquele de cujo amor tanto impressionou o seu coração.

E, quando falava às noviças, ensinava-as a "chorar Cristo crucificado". Era tanto o fervor com que falava destes temas, que "as lágrimas lhe caíam ainda antes de começar a falar".

Quando rezava as horas de Sexta e Noa, sentia grande comoção e dor, que até "desejava ser imolada como o Senhor foi imolado". E o demônio tentava-a, quando ela contemplava as delícias do

Crucificado, "meditando continuamente a oração das cinco chagas"[13].

Diz Tomás de Celano, na legenda, que Clara "aprendeu de cor o Ofício da Paixão, tal como o tinha composto São Francisco de Assis, o apaixonado da cruz"[14], e que, sem ninguém saber, usava "uma corda de treze nós cingida ao corpo, para recordar as chagas do Senhor"[15].

Ao anoitecer, no dia da Ceia do Senhor, Clara retirava-se, triste e aflita, para o silêncio da sua cela. E, ali recolhida, acompanhava a oração do Senhor e experimentava "toda a tristeza por Ele sofrida até à morte" (LSC 31).

Muitas vezes, uma das Irmãs de maior confiança a encontrou recostada no seu leito, depois de uma noite, e no dia seguinte, completamente absorta e alheada de si mesma, "com um olhar ausente numa única visão, parecia crucificada com Cristo e insensível a tudo" (LSC 31).

---

13 Esta oração não é conhecida.

14 O Ofício da Paixão encontra-se em FFI, p. 61.

15 Na Idade Média não só se veneravam as cinco chagas do Senhor, como também as treze e as quinze. Cf. GRAU, E.; SCHLOSSER, M. *Leben und Schriften der Heiligen Klara von Assisi*. Werl: Coelde-Verlag, 2001, p. 146, n. 134.

A Irmã Filipa, a terceira testemunha do *Processo*, lembra que "madona Clara foi tão dada à contemplação, que, numa Sexta-feira Santa, meditando a Paixão do Senhor, ficou como que absorta durante todo o dia e grande parte da noite" (PC 3,25).

Numa ocasião, uma das Irmãs teve de lhe lembrar que Francisco não queria que ela passasse um dia sem comer. E foi à frente dela que a Irmã Clara, como se viesse de um outro mundo, começou a falar:

> Para que uma luz? Não é de dia?! Mãe, já passaram uma noite e um dia e aproxima-se outra noite, respondeu a Irmã. E Clara retorquiu-lhe: abençoado seja este sono. Foi-me concedido aquilo que tanto desejei. Mas livra-te de falar deste sono a alguém, enquanto eu viver (LSC 31).

Clara, mulher contemplativa, fixava diariamente o seu olhar no espelho da eternidade, que era o pobre e humilde Jesus Cristo, para se transformar na sua imagem. No princípio daquele espelho, contemplava a bem-aventurada pobreza, no meio do espelho a santa humildade, "e no fim do espelho contemplava a inefável caridade, que o fez sofrer no patíbulo da cruz a morte mais infame" (4In 23).

Na segunda carta que escreveu a Santa Inês de Praga, Clara exortou-a a abraçar o Cristo pobre:

> Contempla-o, desprezado por teu amor, e segue-o, tornando-te desprezível por Ele neste mundo. Contempla, nobre rainha, o teu Esposo. Sendo o mais belo dos filhos dos homens, transformou-se, para tua salvação, no mais desprezível dos mortais. Morreu na cruz, no meio dos maiores sofrimentos, golpeado e vezes sem conta açoitado em todo o corpo. Olha, medita e contempla, e que o teu coração se inflame na sua imitação" (2In 19-20).

Santa Clara é, sem dúvida, uma das grandes místicas cristãs do Ocidente. Há quem pense que até merecia ser declarada doutora da Igreja.

17

Da humildade de Clara e de como cuidava das suas Irmãs doentes

A Irmã Clara sabia que, por muito que fizesse para formar as suas Irmãs no caminho do Senhor, era pela forma de viver que as conseguia convencer.

Nos antigos mosteiros femininos, as Irmãs que governavam as comunidades chamavam-se abadessas. Os mosteiros masculinos eram governados por abades. Tanto os abades como as abadessas tinham lugar de grande destaque no meio da comunidade e perante a sociedade. Havia para eles e para elas lugares especiais no refeitório, e até na igreja.

Quando as Irmãs desejavam falar com as abadessas, tinham de avisar com antecedência. Era como marcar uma audiência com uma pessoa muito importante. E, quando entravam nos seus aposentos, tinham de se ajoelhar com muita reverência e de beijar-lhe as mãos.

Na comunidade de São Damião o ambiente era muito diferente. No refeitório de São Damião, ainda hoje é possível ver o lugar da Irmã Clara. Era bem no meio das suas Irmãs. Não tinha lugar especial, como alguém que preside. O melhor livro de formação em São Damião era mesmo a forma como a Irmã Clara servia as suas Irmãs.

A Irmã Clara não esperava que as Irmãs lhe pedissem ajuda. Diz a legenda (LSC 38), que, no inverno, durante as noites frias, era ela que vigiava e cobria as Irmãs, sobretudo as mais fracas e doentes.

E testemunhou a Irmã Benvinda no Processo de Canonização, que, além de afirmar que apreciava em Clara a honradez, a bondade e a humildade, também afirmou que a Irmã Clara "executava sempre os trabalhos mais humildes, como o do asseio das Irmãs doentes" (PC 2,1).

E quando alguma se sentia perturbada e andava triste, ela mesma a chamava para a consolar. Chegava mesmo a ajoelhar-se aos pés das doentes, para aliviar as suas dores, com carinhos maternais (PC 2,1).

Às vezes até parecia que a humildade de Clara era exagerada. E algumas Irmãs não aceitavam que ela, sendo a primeira da comunidade, se humilhasse tanto.

Quando alguma das Irmãs saía do convento por alguma razão que o justificasse, a Irmã Clara dizia-lhes para não andarem lá fora com os olhos cravados no chão, antes as exortava "a louvar o Senhor pelas árvores belas, floridas e frondosas, e que, ao olhar os seres humanos e outras criaturas, louvassem o Senhor, por todas e em todas as coisas" (PC 14,9).

Parecia até que Clara já conhecia o *Cântico do Irmão Sol*, que Francisco havia de compor, em São Damião, no fim da sua vida, para louvor de todas as criaturas.

Logo que Clara sentia que a Irmã estava regressando, esperava por ela à porta, para lhe lavar os pés. Mas algumas achavam que isso era humildade a mais, e protestavam.

Um certo dia, uma Irmã tinha saído, e Clara esperou por ela; e, quando a viu chegar, preparou tudo para lhe lavar os pés. Mas esta, muito escandalizada com tal atitude, retirou o pé um tanto bruscamente, ferindo-a na boca. Ela, com muito jeitinho, "pegou-lhe de novo no pé com ternura e deu-lhe um grande beijo na planta do pé" (LSC 12; PC 2,3).

Como primeira responsável da comunidade, procurava que as Irmãs tivessem sempre o mínimo para se alimentarem. Mas, às vezes, quando as ofertas dos amigos falhavam, só com a ajuda de Deus podia alimentá-las. E Deus não faltava.

Um dia, só havia mesmo um pão para todas as Irmãs e para os Irmãos esmoleres. Então, Clara deu metade do pão aos Irmãos, e a outra metade ficou para todas as Irmãs, que na altura eram cinquenta (PC 6,16).

Perante a aflição da Irmã Cecília, que tratava do refeitório, Clara mandou que ela cortasse a metade do pão em cinquenta pedaços, e que depois os distribuísse por cada uma das Irmãs. Entre dentes, a Irmã Cecília comentou: "Para cortar cinquenta pedaços era preciso outro milagre da multiplicação dos pães e dos peixes!" Ao que Clara respondeu: "Vai e faz como te digo".

E a multiplicação dos pães aconteceu mesmo. À medida que a Irmã Cecília cortava a metade, parecia que crescia cada vez mais. Assim, cada Irmã recebeu um bom pedaço de pão para matar a fome naquela manhã.

E as Irmãs, lá no seu íntimo, lembravam-se de que a Irmã Clara, nas suas instruções, dizia-lhes que ser pobre era, sobretudo, confiar no Senhor Deus Altíssimo, que sempre alimenta as suas criaturas.

18

Como Santa Clara, por obediência ao papa, benzeu a mesa, e como, por milagre de Deus, apareceu desenhada uma cruz em cada pão

Santa Clara, devotíssima discípula da cruz de Cristo e nobre planta do senhor São Francisco, era de tanta santidade, que não somente os bispos e cardeais, mas até o papa, desejavam, com grande afeto, vê-la e ouvi-la. E o senhor Papa Gregório visitava-a muitas vezes[16].

Numa ocasião, ele foi ao mosteiro para ouvir Clara falar das coisas celestiais e de Deus; e, enquanto assim estavam em divinos colóquios, pediu Clara a uma Irmã que preparasse a mesa, para que

---

16 Este relato, que faz parte dos *Fioretti de São Francisco* (XXXIII), também se encontra na crônica dos XXIV e em outras legendas mais tardias. Cf. FONTI, p. 545 (*Legenda em Veneto*); p. 707 (*Legenda do códice de Thennenbach*); p. 734 (*Legenda dos Holandeses*).

o Santo Padre a benzesse. Terminado o encontro espiritual, ajoelhou-se Clara com grande reverência, pedindo-lhe que se dignasse abençoar a mesa. Respondeu-lhe o papa:

– Irmã Clara, fidelíssima, eu quero que tu abençoes este pão, e sobre ele faças o sinal da cruz de Cristo, a quem inteiramente te hás consagrado.

– Perdoai-me, Santíssimo Padre, respondeu Santa Clara, seria digna de grandiosa repreensão se eu, vil mulherzinha, presumisse dar tal bênção diante do vigário de Jesus Cristo.

E o papa retorquiu:

– Para que não te seja isto imputado a presunção, senão a mérito de teres obedecido, mando-te, em virtude da santa obediência, que, sobre estes pães, faças o sinal da santa cruz e os abençoes em nome de Deus.

Então Santa Clara, como verdadeira filha da obediência, abençoou devotissimamente aqueles pães com o sinal da santa cruz. E – coisa admirável! – imediatamente em todos os pães apareceu o sinal da cruz belissimamente impresso; e daqueles pães, parte foi comida, e parte conservada, por causa do milagre. E o Santo Padre, tendo presenciado aquele prodígio, tomou um pouco daquele pão, louvando a Deus, e despediu-se, deixando a sua bênção a Santa Clara.

Por aquele tempo, anotam os *Fioretti de São Francisco*, habitava no mosteiro a Irmã Hortolana, mãe de Santa Clara e da Irmã Inês, sua irmã, ambas, juntamente com Santa Clara, cheias de virtudes e do Espírito Santo, e ainda outras muitas religiosas, às quais São Francisco mandava muitos enfermos, e elas com suas orações e com o sinal da cruz a todos davam saúde.

19

Como Deus revelou a Santa Clara e a Frei Silvestre que São Francisco devia ir pregar

O humilde servo de Deus, Francisco, pouco depois da sua conversão, tendo já reunido e recebido na Ordem muitos companheiros, ficou pensando muito e com grandes dúvidas sobre o que devia fazer: Dar-se somente à oração, ou também, uma vez por outra, à pregação? E, sobre isto, desejava vivamente conhecer a vontade de Deus[17]. Mas, porque a santa humildade, que nele morava, não lhe consentia fiar-se de si mesmo, nem das suas orações, pensou em indagar a vontade divina por meio das orações dos outros. E chamando Frei Masseo, disse-lhe:

– Vai ter com a Irmã Clara, e diz-lhe da minha parte que, com algumas companheiras mais

---

17 Este texto faz parte dos *Fioretti de São Francisco*, XVI. Cf. 1Cel 35,5; LM XIII,1, onde certamente se inspirou o autor deste Fioretti.

espirituais, peça devotamente a Deus se digne mostrar-lhe o que será mais conveniente: se dedicar-me à pregação ou somente à oração? Depois procura Frei Silvestre e diz-lhe o mesmo.

Era esse Frei Silvestre aquele cavalheiro que, vivendo ainda no século, tinha visto sair da boca de Francisco uma cruz de ouro, a qual chegava ao céu e abrangia o mundo, de uma extremidade à outra; e era agora de tão grande santidade, que, quanto a Deus pedia, tudo obtinha; e muitas vezes falava com Deus, pelo que Francisco tinha por ele uma grande devoção.

Foi, pois, Frei Masseo e, conforme o santo mandou, assim fez, indo primeiro a Santa Clara e depois a Frei Silvestre, que apenas recebeu a mensagem se pôs logo em oração, e, orando, obteve a divina resposta; e voltando aonde estava Frei Masseo, disse-lhe:

– Isto ordena Deus que digas a Frei Francisco: não o chamou Ele a este estado para seu único proveito, mas para que faça fruto nas almas, e para que muitos encontrem por ele a salvação.

Havida esta resposta, voltou Frei Masseo a Santa Clara para saber o que de Deus tinha conseguido; e respondeu-lhe que tanto ela como as suas companheiras haviam recebido resposta igual à de Frei Silvestre.

Com isto tornou Frei Masseo para Francisco, que o recebeu com grandíssima caridade, lavando-lhe os pés e preparando-lhe o jantar. Depois chamou-o ao bosque e, ajoelhando diante dele, tirou o capuz, e, com os braços em cruz, lhe perguntou:

– Que manda o meu Senhor Jesus Cristo? Respondeu Frei Masseu:

– Tanto a Frei Silvestre como à Irmã Clara, e demais Irmãs, respondeu Cristo e revelou que é da sua vontade que tu vás pelo mundo pregar, porque não te elegeu Ele para ti somente, mas também para salvação de muitos.

Tendo ouvido Francisco esta resposta, e conhecendo por ela a vontade de Cristo, levantou-se e, com grandíssimo fervor, disse:

– Vamos, em nome de Deus!

Tomou por companheiros a Frei Masseo e a Frei Ângelo, homens santos. E caminhando ao impulso do espírito, sem escolher nem caminho nem senda, chegaram a um castelo, que se chamava Carmano. E Francisco se pôs a pregar, mandando primeiro às andorinhas, que ali estavam cantando, que se calassem, até ele acabar de pregar…

20

De como enfrentou os mouros com a custódia de São Damião e libertou Assis dos seus inimigos

Nas guerras que se travaram entre o papa e o imperador, também Assis se viu envolvida. Cada uma das partes procurava apoios, nem que fosse com gente de pouca confiança. Sempre é assim, quando há guerras. Há sempre voluntários que se oferecem para combater.

Ora, sucedeu que alguns mouros, que professavam a religião de Maomé, ofereceram-se ao Imperador Frederico II, para combater contra as tropas do Papa Gregório IX. Naquele tempo, a Igreja tinha tanto poder, que até tinha um grande exército.

Algumas batalhas travaram-se à volta de Assis. Ora aconteceu que, em setembro de 1240, numa sexta-feira de manhã, um grupo de soldados mouros mais assanhados, ao passar ao lado do Convento de São Damião, por fome ou por maus instintos, resolveu assaltar o convento, onde vivia Clara e suas Irmãs (LSC 21; PC 3,18; 9,2).

Muito assustadas ficaram as Irmãs, sobretudo porque os sarracenos já estavam saltando os muros do convento. As Irmãs gritaram pela Irmã Clara, que as serenou: "Quis ser levada à porta do refeitório, e mandou que colocassem à sua frente um pequeno cofre, onde se guardava o santo Sacramento do Corpo de nosso Senhor Jesus Cristo". Depois, ajoelhou e rezou: "Senhor, protege Tu mesmo estas tuas servas, que eu não sou capaz de as guardar".

Clara estava disposta a dar a vida pelas suas Irmãs; por isso, rezou frente ao Sacramento do Corpo do Senhor, que faz memória da vida de Jesus, entregue por nós. Depois de rezar, voltou-se para as Irmãs e confortou-as com estas palavras: "Não temais. Eu vos garanto que não sofrereis mal algum, nem agora, nem no futuro, contanto que obedeçais aos mandamentos de Deus" (PC 9,2).

E sucedeu que, sem se saber por que, os mouros puseram-se em debandada.

Por isso, muitas das imagens de Santa Clara, que encontramos nas nossas igrejas, mostram a santa com uma custódia na mão. Segundo as testemunhas, não foi Santa Clara que levou a custódia. Ela só pediu para colocá-la entre ela e os mouros.

Isto aconteceu em 1240, numa altura em que a Irmã Clara estava muito enfraquecida pela doença, que a acompanhou durante quase quarenta anos. Mas não foi só nesta ocasião que Clara enfrentou os inimigos de Assis.

Um ano depois, a 22 de junho de 1241, o conde de Antuérpia, na Holanda, cercou Assis com um grande exército, com intenção de conquistar a cidade. Santa Clara, perante tão grande perigo, mandou chamar as Irmãs. "Pediu cinzas e cobriu a cabeça, depois de ter cortado o cabelo. Pôs depois cinza sobre a cabeça de todas as Irmãs, e pediu-lhes que suplicassem ao Senhor a proteção da cidade" (PC 3,19).

E o milagre aconteceu: no dia seguinte, ao anoitecer, Vital levantou o cerco à cidade e desapareceu com todo o seu exército.

E consta que um dia, perante graves problemas que aconteceram em Assis, Clara e as Irmãs de São Damião uniram-se a Francisco e aos Irmãos da Porciúncula, e as duas comunidades, cada uma em seu convento, rezaram para salvar a cidade[18].

---

18 Este acontecimento, que não consta do Processo nem da Legenda de Santa Clara, vem relatado na *Legenda de Clara de*

Por isso, Santa Clara é padroeira de Assis. E todos os anos, no dia 22 de junho, o povo de Assis comemora a libertação da cidade, com a Festa do Voto.

Assis – que alguns atribuem a São Boaventura – do códice de Thennenbach, da Biblioteca Estadual de Karlsruhe. Cf. FONTI, p. 704-715; QUELLEN, p. 1.483.

21

Do último sermão que Francisco pregou às Irmãs do Convento de São Damião

Seis meses antes da sua morte, Francisco, depois da operação aos olhos, caiu doente em Sena. Dores no estômago e no fígado causavam-lhe tal sofrimento, que os Irmãos pensavam que a última hora se aproximava.

Frei Elias, então vigário-geral, correu ao seu encontro para o consolar, e Francisco pediu que o transportasse para Assis. Assim fez Frei Elias. E, para grande espanto de todos, a cidade de Assis saiu à rua para acolher Francisco, com cânticos de júbilo. Levaram-no para Santa Maria dos Anjos (1Cel 105).

Depois de algum tempo de descanso, sentindo-se um pouco melhor, os Irmãos puderam estar juntos e alegrar-se com a presença dele em Santa Maria dos Anjos. Nos dias mais ensolarados,

Francisco, montando um jumento, visitava algumas aldeias do Vale de Espoleto.

As Irmãs de São Damião, felizes por saberem que ele tinha voltado à Porciúncula, pediram-lhe que as visitasse e lhes pregasse um sermão. Um dia, Francisco apareceu em São Damião, preparado para expor às suas filhas a Palavra de Deus.

As Irmãs reuniram-se, como de costume, felizes por poderem ouvir a Palavra de Deus exposta por ele e felizes, também, por poderem matar tantas saudades que tinham de Francisco.

E Francisco começou o sermão:

> [...] põe-se a orar ao Senhor com os olhos erguidos ao céu, onde sempre tinha o coração. Seguidamente, pede que lhe tragam cinza. Com ela descreve no chão um círculo à sua volta e derrama o resto sobre a cabeça. Vendo elas o bem-aventurado pai, silencioso e imóvel, dentro do círculo, um pasmo enorme lhes invade o coração. De repente, o santo ergue-se, e o espanto sobe de ponto, quando o ouvem recitar o *Miserere* como única pregação. Terminado o salmo, sai dali rapidamente (2Cel 207,2-7).

Francisco não pretendeu dar às Irmãs uma lição de moral, nem as quis chamar à humildade, como se fosse seu diretor espiritual, como Celano parece insinuar (2Cel 207,8-10)[19]. Francisco nunca permitiu que lhe chamassem "pai", nem tratava as Irmãs de São Damião por "filhas" (cf. LP 65).

Com aquela encenação, Francisco oferece às Irmãs de São Damião muito mais do que um sermão moralista. Perante elas, que o veneravam, Francisco apresenta-se com toda a sua fragilidade. Mostra-lhes que o seu corpo em breve será reduzido a cinzas.

E, assim, mostrando às suas Irmãs que sentia a proximidade da morte, abre-se à misericórdia do Senhor, confiando que em breve poderá contemplar a luz eterna. O salmo *Miserere*, que rezou com as suas Irmãs, termina em louvor: "Livrai-me, ó Deus, meu salvador, e a minha língua cantará os vossos louvores. Abri, Senhor, os meus lábios e a minha língua cantará os vossos louvores" (Sl 50).

Francisco despedia-se, assim, das Irmãs de São Damião, prometendo, mais tarde, que ainda o haviam de voltar a ver. Isso aconteceu já depois de morrer, quando os Irmãos desviaram o cortejo fú-

---
[19] Cf. KUSTER, N. *Francisco e Clara – Dupla biografia*. Braga: Editorial Franciscana, 2012, p. 166-167.

nebre para passarem em São Damião, cumprindo a promessa que Francisco fez a Clara numa carta que lhe tinha escrito.

Como Santa Clara se despediu de Francisco

Na primavera de 1226, quando Francisco já dava sinais de grande debilidade, Frei Elias levou-o para Cortona. Mas as dores eram tantas, que Francisco, sentindo já próximo o fim, pediu para ser levado para Assis, onde foi recebido em festa. Nunca o povo de Assis consentiria que o santo morresse fora das muralhas da sua cidade (1Cel 105-109).

Para que tivesse todo o conforto, o bispo de Assis sugeriu que ficasse no seu palácio. Ali, abençoou de maneira especial a Frei Elias: "Eu te abençoo, meu filho, em tudo e por tudo. E, como por tuas mãos multiplicou o Altíssimo os meus Irmãos e Filhos, assim em ti os abençoo a todos" (1Cel 108).

Pouco tempo antes de morrer, foi levado para Santa Maria dos Anjos. Foi ali onde tudo começou. Era ali que desejava terminar os seus dias.

Quando sentiu já próxima a hora da partida, chamou os Irmãos e, recordando a Última Ceia de Jesus, mandou trazer um pão, partiu-o e deu um pedacinho a cada um (1Cel 110; 2Cel 217).

Depois, pediu que lhe lessem a passagem de São João, do capítulo 13, que fala da despedida de Jesus. Em tudo se queria parecer com o seu Senhor. Pediu, então, aos Irmãos, que, quando se aproximasse o momento de se entregar para sempre nas mãos do Salvador, o deitassem na terra húmida.

Passou os últimos dias em ação de graças, convidando todos os Irmãos presentes a louvar com ele a Cristo. Até a própria morte, tão odiosa e terrível, convidou a juntar-se a ele. "Bem-vinda seja a minha Irmã Morte" (2Cel 217). Poucos dias depois faleceu.

Era a tarde de 3 de outubro de 1226.

Na manhã seguinte, o corpo foi levado para Assis, em ambiente de festa: "[...] entre hinos e cânticos e ao som de trombetas [...] cada um levava um ramo de oliveira ou de outras árvores [...] todos entoavam em alta voz cânticos de louvor" (1Cel 116).

O cortejo fez um desvio e dirigiu-se primeiro para a Capela de São Damião, onde o corpo foi depositado, para que as suas Irmãs, chorosas e tristes com a morte do Irmão, pudessem se despedir[20]. E a urna foi aberta e exposta à veneração das Irmãs:

> Então a Senhora Clara, verdadeiramente clara pela riqueza dos seus méritos, primeira mãe de todas as outras e primeira planta de tão religiosa família, aproximou-se com as suas filhas para receberem o Pai, que não mais lhes falaria e partia para não mais voltar. [...] Pai, o que vai ser de nós? Por que nos deixas sozinhas em tamanha desolação? (1Cel 116-117).

Por fim, cada uma das Irmãs beijou-lhe as mãos, onde eram visíveis os sinais dos estigmas, e o féretro seguiu para dentro das muralhas de Assis. Ficou sepultado na Igreja de São Jorge, onde Francisco tinha sido batizado.

Agora, Clara, vendo partir o Irmão para sempre, sentiu que começava um tempo diferente. Estava mais só, e sentiu que, a partir daquela despedida, teria de lutar sozinha para defender a sua forma de vida.

---

20 Assim se realizou uma promessa de Francisco. Quando, já muito doente, deixou São Damião, escreveu uma carta a Clara, prometendo-lhe que ainda o havia de ver uma última vez (cf. LP 109; FFIV, p. 293-294). Várias legendas não oficiais dão conta dessa promessa. Cf., p. ex., *Vita et legenda di S. Chiara* (1490), da Irmã Batista Alfani. Cf. FONTI, p. 594.

23

Como Santa Clara perdeu a paciência com o seu grande amigo, o Papa Gregório IX

Clara tinha pelo Cardeal Hugolino, mais tarde o Papa Gregório IX, grande consideração e amizade. Conhecemos uma carta (cf. FFII, p. 431) que o então Cardeal Hugolino dirigiu a Clara, em 1220, onde ele a trata como "A querida irmã em Cristo, mãe e colaboradora da sua salvação, Senhora Clara", terminando com um pedido, que só aos amigos se faz: "Por isso, te encomendo a minha alma e o meu espírito, tal como o Senhor se encomendou ao Pai no alto da cruz, para que no dia do juízo respondas por mim, caso não te tiveres preocupado o suficiente com a minha salvação".

Era grande a união espiritual que existia entre estas duas personalidades, que marcaram a Igreja do seu tempo.

Nesse mesmo ano, depois de ser eleito papa, visitou São Damião, para ver se convencia Clara a

113

fazer parte de uma nova ordem religiosa, que ele desejava organizar, segundo a tradição antiga da Regra de São Bento.

Queria até que essa nova Ordem se chamasse Ordem de São Damião. Já o Papa Honório III tinha pensado fazer o mesmo. Para o Papa Gregório, ninguém, além de Clara, seria capaz de ficar à frente de tão grande projeto.

Como grande amigo que era de Clara e da comunidade de São Damião, tinha muito receio que o caminho da mais altíssima pobreza, escolhido por Clara, não lhe desse garantias de futuro.

Desejava que elas tivessem os mesmos meios que os outros mosteiros, que viviam segundo a Regra de São Bento, que, embora professando a pobreza pessoal, podiam ter bens e receber donativos avultados, que lhes davam segurança econômica.

Por isso, o senhor Papa Gregório tudo fez para convencer Clara a aceitar propriedades e bens. Ele mesmo queria oferecer ao Convento de São Damião algumas das suas muitas propriedades.

Clara explicou-lhe que não podia ficar à frente desse grande projeto, até porque tinha recebido do Papa Inocêncio III um enorme privilégio para cumprir, o *Privilégio da Pobreza*. Essa era a sua

Regra, e de forma alguma queria ser infiel a esse propósito.

Perante os remorsos de Clara, o bom do Papa Gregório tentou tirar-lhe todos os escrúpulos, dizendo-lhe: "Se temes pelo voto, nós dispensamos-te dele". O papa estava disposto a dispensar Clara do *Privilégio da Pobreza*. Ao que Clara respondeu com convicção: "Santíssimo Padre, por nenhum preço quero ser dispensada de viver o seguimento de Cristo por todo o sempre".

E logo ali lhe pediu para lhe renovar o *Privilégio da Pobreza*, dado pelo Papa Inocêncio, o que Gregório IX fez algum tempo depois, em 17 de setembro de 1228.

O texto mais antigo que conhecemos do *Privilégio*, assinado pelo Papa Inocêncio III, é de 1521. O texto original do *Privilégio da Pobreza*, renovado pelo Papa Gregório, conserva-se no Convento de Santa Clara, em Assis.

E diz a legenda (LSC 14) que Santa Clara recebia com muita alegria todas as esmolas que os Irmãos esmoleres lhe traziam, e que ficava mais feliz com restos de pão que recebia do que quando recebia pães inteiros. Quando possível, ainda partilhava com os pobres os pães inteiros que lhe traziam.

O Papa Gregório não tinha percebido que, para Clara, a questão não era ter ou não ter propriedades. Clara queria ser pobre, para agradecer a pobreza de Nosso Senhor Jesus Cristo, que, sendo muito rico, desceu dos céus e quis ser pobre e humilde por nosso amor. A pobreza, para ela, não era mais uma virtude; era a pessoa do pobre e humilde Jesus Cristo, a quem ela se entregou.

24

De como fez greve de fome para contrariar uma ordem do Papa Gregório

A Irmã Clara gostava de ouvir os pregadores mais eruditos de entre os Irmãos de Francisco. Era deles, sobretudo, que queria receber o alimento da Palavra de Deus. Sempre tirava das suas palavras o melhor para se enriquecer e enriquecer espiritualmente as suas Irmãs.

Consta que, um dia, um frade inglês, mestre da sagrada teologia, foi pregar no Mosteiro de São Damião. Também Frei Egídio, homem simples e sem estudos, escutava o Irmão letrado. No meio do sermão, Frei Egídio pediu a palavra e disse tudo o que lhe ia no coração.

Depois, devolveu a palavra ao pregador inglês. E Clara louvou o Senhor ao ver que aquele mestre de teologia também era um Irmão humilde, tal como Francisco desejava que fossem todos os Irmãos pregadores (Da *Vita Fr. Aegidii*. Cf. FONTI, p. 801-802).

Gostava sobretudo de escutar a Frei Filipe Longo, de Atri, o sétimo Irmão a entrar na fraternidade de Francisco. A pregação desse Irmão levava-a ao êxtase. Conta a Irmã Inês que um dia ela mesma observou como Clara ficou em êxtase ao ouvir o Irmão Filipe (PC 9,4; 10,8).

Ela mesma, um dia, observou que, enquanto Frei Filipe pregava, viu um menino de cerca de 3 anos no colo de Clara. Pensando que estava delirando, ouviu, de súbito, uma voz que dizia: "Eu estou no meio de vós", o que ela interpretou que aquele menino era Jesus, que se torna presente quando a Palavra de Deus é pregada. E disse também que um resplendor de estrelas envolvia a Irmã Clara, e que essa visão lhe causou muita doçura.

Em 28 de setembro de 1230 o Papa Gregório, por causa das muitas confusões que havia, proibiu os Irmãos de Francisco de entrar nos mosteiros das Irmãs de Clara. Nessa altura, eram uns dez, espalhados pelo norte da Itália. Em vez de nomear um dos Irmãos de Francisco, nomeou um monge da Ordem de São Bento como diretor espiritual das Irmãs.

Clara ficou muito triste com esta decisão de Gregório IX, prevendo que ia ficar sem o alimento espiritual, que só os discípulos de Francisco podiam lhe dar. A sua reação foi algo inesperada.

A fraternidade de Francisco enviava-lhes os Irmãos pregadores para alimentá-las espiritualmente, e enviava-lhes também os Irmãos esmoleres para recolherem as esmolas, que as alimentavam corporalmente.

Ora, se o Papa Gregório lhes tirava o alimento espiritual, então também não precisava dos Irmãos esmoleres para o alimento corporal. E mandou-os de volta para as suas fraternidades. Isso significava, na prática, que ficavam sem o alimento corporal. Foi uma autêntica greve de fome.

Muito preocupado ficou o Papa Gregório. Mal soube da decisão de Clara, chamou logo o ministro-geral para resolver esse grave problema. Não queria que as Irmãs de São Damião morressem de fome. Com a intervenção do ministro-geral, tudo voltou à normalidade.

A Irmã Clara sabia bem qual devia ser o seu caminho, e era firme nas suas convicções.

25

De uma grande amiga que o Senhor lhe enviou e da ajuda que lhe deu na defesa da sua forma de vida

Chamava-se Inês e nasceu em Praga, em 1205. Era filha do rei da Boêmia e da Rainha Constância da Hungria. Fazia parte da nobreza mais considerada da Europa. Era amiga do Papa Gregório IX e mantinha com ele contatos diplomáticos.

Foi prometida em casamento a vários monarcas da Europa: a Boleslau da Silésia, a Henrique III da Inglaterra e, por fim, ao próprio Imperador do Sacro Império, Frederico II, em 1233. Inês recusou todas as propostas. Desejava entregar-se ao Senhor.

Quando ouviu falar de Francisco, pelos Irmãos que ele enviou para o norte da Europa, encantou-se com aquela forma de vida. Deixou, então, a vida do palácio e fundou um hospital em Praga para cuidar dos mais pobres e doentes. Ali se instalou com algumas amigas, cuidando dos doentes.

Estávamos em 1234. A partir de então, Inês tornou-se a protetora dos Irmãos. Como conta a crônica do Irmão Jordão (FFIV, p. 68), quando havia problemas entre os Irmãos, ela mesma recorria ao papa e os problemas ficavam resolvidos. Tinha canal direto com o papa.

Os Irmãos enviados para Praga também lhe deram notícias da comunidade de São Damião. Inês ficou encantada. Por meio deles, pediu a Clara que lhe enviasse algumas Irmãs da sua comunidade para fundar um convento em Praga. Poucos meses depois, chegavam as primeiras cinco Irmãs ao convento, que Inês mandou construir em Praga, onde ela mesma entrou para viver a *Forma de Vida* de São Damião. Naquele tempo, viviam em São Damião por volta de 50 Irmãs.

Provavelmente, foi por meio das Irmãs, que vieram de São Damião, que Clara fez chegar a Inês a primeira carta que lhe escreveu, precisamente em 1235. É uma carta cheia de ternura, na qual Clara trata Inês como "venerável e santa virgem, Senhora Inês, filha do excelentíssimo e mui ilustre rei da Boêmia" (1In 1).

A Irmã Inês tornou-se a melhor aliada de Clara na defesa da sua forma de vida. Em 1235, Inês pede ao Papa Gregório IX que dê ao Convento de Praga o *Privilégio da Pobreza*. Esse documento, o primeiro dado a uma comunidade fora de Assis, foi assinado três anos depois, em 1238. Apesar de toda a influência que Inês podia exercer, demorou três anos até o papa assinar o terceiro *Privilégio da Pobreza*, um texto muito profundo (*Privilégio da Pobreza de Gregório IX*. FFII, p. 465).

Pouco depois, certamente a conselho de Clara, Inês escreveu uma Regra para as Irmãs de Praga, a primeira escrita por uma mulher, e enviou-a ao papa, para que lhe desse aprovação. O papa responde-lhe em carta de 11 de maio (*Privilégio da Pobreza de Gregório IX a Inês de Praga*. FFII, p. 469), onde, de certa forma, desdenhava da *Forma de Vida* deixada por Francisco. Dizia que era como leite para crianças (cf. 1Cor 3,2) sem experiência, ao contrário da Regra de São Bento, que era para gente forte e virtuosa, recusando-se a confirmar a Regra que Inês lhe apresentou.

Podemos dizer que o Papa Gregório IX, ao não aprovar a primeira Regra escrita por uma mulher, Inês de Praga, não esteve à altura daquele momento histórico. É pena que se tenha perdido este texto escrito por Inês (cf. FONTI, p. 794-796)[21].

Os contatos entre Clara e Inês continuaram até perto da morte de Clara. A última carta é de 1253, pouco antes de Clara deixar este mundo, onde trata Inês "por metade da minha alma e escrínio singular da minha afeição" (4In 1). Estas duas Irmãs, que nunca se encontraram pessoalmente, eram mesmo grandes amigas e não tinham receio de o afirmar.

Mas Clara não desanimou. E uma vez que o papa não aprovou a Regra de Inês, ela sentiu-se estimulada para escrever, ela mesma, uma Regra para as Irmãs Pobres de São Damião. Essa sim, seria a primeira Regra para consagradas, escrita por uma mulher, que havia de ser aprovada pela Igreja.

---

21 Ao introduzir a *Legenda de Inês de Praga* – publicada por volta de 1330 – faz alusão a esses fatos.

26

De como a Irmã Clara, em Assis, e o Irmão Boaventura, em Paris, defendiam o ideal da pobreza evangélica

Nos primeiros meses de 1252 a Irmã Clara, uns cinco anos depois de ter escrito o seu testamento espiritual, com receio, talvez, de não ver aprovada a sua Regra, teve notícias um tanto alarmantes da cidade de Paris.

Alguns Irmãos da fraternidade de Francisco, que frequentavam os estudos de Paris, transmitiram à Irmã Clara que algumas estruturas da universidade queriam limitar, ou até proibir, que os membros das Ordens mendicantes pudessem gerir cátedras de teologia em Paris.

Um tal Guilherme de Saint-Amour, um dos reitores seculares, chefiava essa tendência. Chegou ao ponto de, em janeiro de 1253, tentar limitar a presença dos mendicantes na pastoral da cidade.

A presença dos franciscanos, dominicanos e carmelitas, as Ordens mendicantes, vinha mexer com as estruturas pastorais vigentes.

Os ânimos acirraram-se de tal forma, que chegou até a haver grupos armados defendendo as respectivas teses, lamentando-se mesmo a morte de um estudante. A Irmã Clara ficou triste com essas notícias.

E mais triste ficou quando soube que o pomo da discórdia tinha a ver com princípios que ela defendia com toda a energia desde 1214, altura em que recebeu o *Privilégio da Pobreza*, que lhe concedia direito de viver sem propriedades.

O *Privilégio da Pobreza*, assinado por Inocêncio III, em 1214/1216, foi o primeiro documento da Igreja em que se reconhecia o direito de viver a pobreza evangélica radical, pobreza individual e comunitária, o que contrariava toda a tradição monacal do Ocidente.

Este era um dos pontos mais combatidos por Guilherme, no escrito sobre os perigos nos últimos tempos (*De periculis*), na Igreja. Guilherme aponta quarenta e dois sinais dos tempos (*periculis*), todos relacionados com o estilo de vida das Ordens mendicantes.

À pergunta de como deve, então, viver o homem perfeito, que deixa tudo, ele responde: "trabalhando inserido na realidade mundana, ou entrando num mosteiro, onde terá o necessário para viver"[22].

No capítulo II do seu escrito, Guilherme deixa bem claro que o grande perigo do tempo presente "está em particular naqueles que se dizem no estado de perfeição, mas desejam viver no meio do mundo, cercados de múltiplos perigos". Opunha-se radicalmente à mendicidade:

> Que um pregador possa mendigar, não se encontra em nenhuma parte da Sagrada Escritura, onde a mendicidade é proibida ao Apóstolo e a todos os cristãos, detestada por Salomão e reprovada por Agostinho e outros santos comentadores [...] é, pois, claro que os verdadeiros apóstolos não correm pelos bens temporais daqueles para quem pregam [...]"[23].

---

22 Cf. DEZZUTO, C. (org.). *I pericoli della povertà – Scontri e discussioni all'Università di Parigi nel XIII secolo*. Ed. Biblioteca Francescana, 2022, p. 37. Nessa obra, pela primeira vez, publica-se a tradução, em língua moderna, dos textos das propostas de Guilherme de Saint-Amour e as respostas de São Boaventura e de Santo Tomás de Aquino sobre a grande questão da pobreza evangélica.

23 *Ibid.*, p. 51.

Para Guilherme, os novos institutos, sobretudo os franciscanos e dominicanos, que viviam inseridos no mundo, punham em causa algo essencial, a *fuga mundi*, a fuga do mundo. Por isso, as Ordens mendicantes vinham pôr em causa toda a tradição monástica dos séculos anteriores.

Santa Clara, ao pedir o *Privilégio da Pobreza*, quis que as suas comunidades fossem amigas do silêncio, sem deixarem de ser irmãs da cidade. Uma forma diferente de entender a fuga do mundo.

Mas a Irmã Clara ficou confiante quando soube, pouco tempo antes de morrer, que dois Irmãos mendicantes, em Paris, estavam fazendo tudo para contrariar as teses de Guilherme de Saint-Amour.

Um era da fraternidade de Francisco, Boaventura de Bagnoregio, outro da fraternidade de Domingos de Gusmão, Tomás de Aquino. A Irmã Clara conhecia o Irmão Boaventura e acompanhou o seu trajeto acadêmico. Sabia que ele ia ser capaz de defender o projeto que ela e Francisco sonharam.

O Irmão Boaventura podia ter sido, certamente, um dos pregadores eruditos, que Clara convidava para falar às Irmãs de São Damião. Sabia que ele tinha estudado em Paris, onde foi aluno de Alexandre de Halles, de 1235 a 1243, ano em que obteve o título de *magister*. No ano de 1253 obteve o título de chanceler universitário, ensinando no estudo franciscano, como mestre regente, de 1253 a 1257.

Foi nesta qualidade que se envolveu na polêmica com Guilherme, opondo-se a ele, com as Questões disputadas da perfeição evangélica (*Quaestiones disputatae de perfeccione evangelica*).

Boaventura elenca trinta e dois argumentos a favor da sua tese, contra as teses de Guilherme, para concluir:

> É necessário afirmar que renunciar a tudo, seja em privado, seja em comum, é próprio da perfeição cristã. Não é só suficiente, mas superabundante, enquanto conselho principal da perfeição evangélica, o seu princípio fundamental e seu fundamento sublime. A natureza convence-nos do primeiro, a Escritura do segundo, a graça do terceiro[24].

As Ordens mendicantes recorriam à mendicidade, à mesa do Senhor, como dizia Francisco, quando o fruto do trabalho não dava o suficiente para sobreviver. Este era um dos pontos mais com-

---

24 *Ibid.*, p. 67.

batidos por Guilherme, que se opunha à mendicidade dos pregadores apostólicos.

Boaventura argumenta que, se nas antigas ordens era normal receber propriedades para garantir o futuro, também os pregadores mendicantes deviam poder receber do povo de Deus as esmolas, como pagamento do seu trabalho pastoral:

> Se, na realidade, é ilícito aos pobres de Cristo receber o sustento para a vida, mediante a recolha de esmolas, com maior razão é ilícito receber vastas propriedades e grandes rendas [...] seria estranho que um mosteiro possa receber milhares de rendas de um príncipe, e um pobrezito não possa suplicar de ser aliviado da sua pobreza[25].

A Irmã Clara faleceu em 1253, depois de ter a aprovação da sua Regra. Na mesma altura em que o Irmão Boaventura defendia a mais estrita pobreza na Universidade de Paris, contra as teses de Guilherme de Saint-Amour, Inocêncio IV aprovava a Regra escrita pela Irmã Clara.

Passados quatro anos da morte de Clara, Boaventura é eleito ministro-geral, em 1257. Foi nes-

---

25 *Ibid.*, p. 88.

sa qualidade que, desde o Alverne, onde escrevia o *Itinerarium mentis in Deum*, dirigiu, em 1259, uma carta às Clarissas do Mosteiro de Assis, onde as incitava "a seguir com solicitude as pegadas e virtudes da vossa santa mãe" (FFII, p. 425).

Assim, Clara, em São Damião, e o Irmão Boaventura, na Universidade de Paris, defendiam o mesmo ideal da pobreza de Nosso Senhor Jesus Cristo.

27

Das circunstâncias que rodearam a aprovação da Regra das Irmãs Pobres, escrita pela Irmã Clara

Nos séculos antes de Clara, foram escritas muitas regras para comunidades de mulheres. A primeira foi escrita por santo Agostinho de Hipona, no norte da África, no século IV. Mas a maior parte foi escrita na França. Conhecemos as regras de Cesário de Arles, de Aureliano, de Columbano, de Leandro, de Valdeberto, de Donato e de Abelardo, esta do século XII[26].

Todos eles escreveram regras para mosteiros de mulheres consagradas. Mas, até ao século XIII, nenhuma mulher se atreveu a escrever uma regra para a vida consagrada.

---

26 Cf. CREMACHI, L. (org.). *Regole Monastische Femminili*. Turim: Einaudi, 2003. • ABBAYE DE BELLEFONTAINE. *Règles Monastiques au Féminin* [Col. Vie Monastique, n. 33].

Clara de Assis lutou muito por ver o seu carisma aprovado. Isso aconteceu com a aprovação do *Privilégio da Pobreza*. E, uma vez que a Regra de São Bento, que sempre lhe quiseram impor, contrariava esse *Privilégio*, resolveu, ela mesma, escrever uma regra para as suas comunidades.

Embora inspirada na Regra de Francisco, aprovada em 1223, o texto da Regra de Clara, que haveria de ser aprovado, foi escrito por ela. Pensa-se que começou a escrever a Regra por volta de 1247.

Os primeiros meses de 1253 foram muito difíceis para Clara. A doença, que a apoquentou durante 40 anos, deixou-a muito fraca. Sentindo que a Irmã Morte se aproximava, pediu à sua Irmã Inês, que estava em Monticelli, que regressasse a Assis, para se despedir dela em São Damião. Certamente, já com a companhia da Irmã, escreveu a última carta a Inês de Praga. Uma carta para se despedir da amiga e Irmã.

Antes, com receio de que a sua Regra não fosse aprovada, escreveu a todas as Irmãs o seu Testamento (TestC, p. 1.726ss.), onde deixa o texto do primeiro e o último escrito de Francisco, afirmando assim a originalidade do seu carisma, pedindo a todas as Irmãs que se mantivessem fiéis à forma de vida de São Damião.

Quando soube que o Papa Inocêncio IV, a 27 de abril de 1253, saía de Perúsia com a sua comitiva para se instalar em Assis, no *pallazus apostolicus* do sacro convento, onde estava sepultado o Irmão Francisco, Clara ficou ansiosa.

Pediu aos Irmãos mais amigos, sobretudo a Ângelo e a Leão, do primeiro grupo de Francisco, que tudo fizessem para que o papa aprovasse a sua Regra. Não sabemos bem o que se passou entre abril e agosto. Diz o biógrafo do papa que Inocêncio IV visitou São Damião nos dias 6 e 8 de agosto[27].

Algo de muito importante estava se passando: o vigário de Cristo descia a São Damião para visitar Clara, nos últimos dias da sua vida. Era a Igreja oficial reconhecendo a nova realidade. Era um novo estilo de vida religiosa que estava prestes a ser reconhecido pela Igreja.

Clara recebeu o papa e os demais cardeais, e pediu licença para lhe beijar os pés. Este colocou-os sobre um banquinho para que mais facilmente Clara os pudesse beijar (LSC 41).

---
27 Sobre os dados da *Vita Innocentii IV*, cf. FONTI, p. 768-769.

Depois pediu ao Santo Padre que lhe desse a absolvição dos pecados, ao que o papa respondeu: "Oxalá não precisasse eu mais de tal graça" (LSC 42).

No dia 9 de agosto, uma sexta-feira, o papa, num processo rápido, aprova a Regra de Clara, e, no dia 10, um Irmão de Assis leva a Clara um original da Bula de aprovação, assinado pelo papa. Este texto original ficaria em São Damião.

O outro exemplar iria para Roma com o Santo Padre. Clara recebeu e beijou, com muito carinho e emoção, a Bula que aprovava a sua Regra.

Como diria mais tarde a Irmã Filipa, no Processo de Canonização,

> o seu maior desejo era obter a Bula de aprovação da Regra da sua Ordem, de beijar um dia a Bula e morrer no dia seguinte. E assim aconteceu. Quando já se aproximava a hora da morte, chegou um Irmão com o documento aprovado. Ela tomou-o com muita reverência e levou-o aos lábios para o beijar [...]. E no dia seguinte, madona Clara, verdadeiramente Clara [...] passou desta vida para o Senhor, para a claridade da luz eterna (PC 3,32).

Era domingo, dia 10 de agosto de 1253.

28

Das coisas maravilhosas que se deram na hora da morte da Irmã Clara de Assis

A Irmã Benvinda conta no *Processo de Canonização* muitas das coisas maravilhosas que se deram nos dias que antecederam à morte da Irmã Clara (PC 11,3). Também Tomás de Celano, na Legenda de Clara, nos revela como foram maravilhosos os dias que antecederam a sua passagem deste mundo para o céu (LSC 44-46; PC 3,20).

A sua agonia durou vários dias, durante os quais os senhores cardeais, que estavam em Assis com o Santo Padre, a visitaram várias vezes. As Irmãs atestam que Clara esteve dezessete dias sem comer, mas sempre cheia de energia.

E quando Frei Reinaldo quis exortá-la à paciência, ela afirmou: "Querido Irmão, desde que me foi dado conhecer a graça de meu Senhor Jesus Cristo por meio do seu servo Francisco, nunca alguma pena me foi molesta, nenhuma penitência me pareceu severa, nem doença alguma me foi difícil de suportar" (PC 3-20; LSC 46).

De repente, no meio do sofrimento, diz a Irmã Benvinda, começou ela mesma a encomendar a sua alma a Deus: "Vai em paz, pois terás boa escolta. Aquele que te criou, também te santificou; depois de te criar, infundiu em ti o Espírito Santo e protegeu-te como uma mãe protege o seu filho". Quando uma Irmã lhe perguntou com quem falava, disse: "Falo à minha alma".

Depois pediu aos Irmãos presentes, alguns dos quais do grupo que a recebeu em Santa Maria dos Anjos, que lhe lessem a Paixão do Senhor e que lhe cantassem os seus louvores.

Muito a deliciou Frei Junípero, conhecido como menestrel de Deus, que muito a consolou com os seus ditos cheios de fogo. Frei Ângelo, o primeiro cavaleiro que entrou na Ordem, e Frei Leão, o amigo especial de Francisco, estavam lá, tristes, por verem que a sua Irmã e amiga se despedia deste mundo.

Depois, aconteceu algo que só a Irmã Anastácia parece ter visionado (PC 3,22; LSC 46). Depois de dizer "falo com a minha alma", pareceu que toda a corte celeste descia sobre São Damião.

Era uma multidão de virgens vestidas de branco, coroadas com diademas de ouro, que entrava onde Clara estava.

Dentre todas, sobressaía a Virgem das virgens, que se inclinou sobre o rosto e o peito de Clara e a abraçou com ternura. As outras virgens foram-se aproximando, envolveram Clara com um manto de esplendorosa beleza, e cobriram o corpo de Clara.

Parecia que a Virgem Maria descia assim sobre São Damião, e, com um abraço e um beijo, vinha buscar a Irmã Clara para levá-la consigo para o céu. Foi assim que tudo aconteceu no dia da morte da Irmã Clara.

Era segunda-feira, dia 11 de agosto de 1253, dia da Festa de São Lourenço.

No dia seguinte, coisa inédita, o próprio Papa Inocêncio IV presidiu ao funeral. Ao iniciar o ofício, pediu que entoassem o Ofício das Virgens, não o dos Defuntos. Foi o Cardeal Reinaldo, mais tarde eleito Papa Alexandre IV, que lhe lembrou que, apesar da santidade de Clara, devia-se rezar o Ofício dos Defuntos. Foi também o Cardeal Reinaldo que proclamou o elogio fúnebre.

No fim da celebração transladaram o corpo de Clara para a Igreja de São Jorge, precisamente o lugar que serviu de primeira sepultura do Irmão Francisco. "Aquele que durante a vida lhe serviu de guia, também, já em profecia, anunciou-lhe o lugar de descanso depois da morte" (LSC 47-48).

29

De como Clara, depois da morte de Francisco, sonhou com o Irmão e amigo

Quando vivemos uma grande amizade, como a de Francisco e Clara, é natural que a imagem do amigo continue presente, mesmo depois da sua morte. Foi assim com Santa Clara. Ela nunca esqueceu o amigo e Irmão, e em ocasiões mais conturbadas desejou muito tê-lo a seu lado, como conselheiro. E certamente sonhava com ele. Uma vez teve um sonho que a deixou muito feliz.

Deve ter sido um sonho que muito agradou a Clara, uma vez que partilhou o seu sonho com a Irmã Cecília e também com a Irmã Filipa (PC 6,13; PC 3,9), que depois não tiveram receio de recordá-lo quando deram o seu testemunho no Processo de Canonização.

Segundo a Irmã Filipa, a Irmã Clara contou-lhe que uma vez, em sonho, pareceu que subia umas escadas com uma bilha com água quente e uma toalha, para Francisco enxugar as mãos. Mesmo subindo as escadas, parecia-lhe que caminhava num chão plano, tão ágil e leve era o seu passo.

Quando se encontrou diante de Francisco, o santo abraçou-a contra o peito com muito carinho. Parecia que do seu peito saía algo doce, de tão deleitável sabor, que Clara não era capaz de exprimi--lo. Francisco disse "vem, saboreia".

Quando se saciou, a sua boca ficou cheia de um néctar tão saboroso, que se colava aos seus lábios. Algumas gotas caíram, então, em suas mãos e tornaram-se como ouro transparente e brilhante. Como se fosse um espelho a refletir. Um sonho muito bonito e cheio de significado.

Contam os biógrafos de Francisco que muitos Irmãos o tratavam por *mater carissima*, querida mãe (2Cel 137). Clara viveu vinte e sete anos, depois da morte de Francisco. Muita coisa aconteceu na Ordem dos Irmãos depois da morte do fundador. Houve muitas divisões e até lutas entre grupos de Irmãos, que se consideravam mais observantes do que outros.

Até à sua morte, Clara manteve-se fiel ao carisma primitivo de Francisco. Nunca pediu facilidades para viver a vida de pobreza, como pediram os Irmãos logo depois da morte do fundador.

Depois da morte de Francisco, São Damião tornou-se, assim, lugar de encontro, sobretudo para muitos dos que o conheceram pessoalmente, e andavam um tanto tristes com o rumo que levava a comunidade dos Irmãos.

Em São Damião, no contato com a Irmã Clara, eles recuperavam energias, para serem fiéis ao pensamento de Francisco. De certa forma, para esses Irmãos, Clara tornou-se um autêntico *alter Franciscus*, outro Francisco.

Nesse sonho que Clara partilhou com algumas Irmãs, Francisco como que confirma a missão de Clara de manter vivo o ideal primitivo da forma de vida do Santo Evangelho. Quer que ela seja o espelho fiel do ideal de vida que ele sonhou, e ao qual ele e Clara sempre se mantiveram fiéis.

Não admira, pois, que a Irmã Clara pensasse muitas vezes em Francisco, e até sonhasse com ele.

30

De como Santa Clara se tornou padroeira da televisão

A Irmã Filipa, e também a Irmã Balbina (PC 3,30; 7,9), contaram no Processo de Canonização e ficou escrito também na sua biografia oficial (LSC 29), que, nos últimos anos da sua vida, Clara mal saía da sua cela, o que a entristecia sumamente, sobretudo por não poder acompanhar as suas Irmãs na oração dos ofícios divinos.

E, numa noite de Natal, quando todo o mundo celebrava o nascimento do Salvador, toda a comunidade se dirigiu para a capela, ficando a Irmã Clara sozinha na sua cela, triste, por não poder participar nos louvores do Senhor. Tristes ficaram também as Irmãs, por não tê-la no meio delas.

Isolada, Clara lamentava-se interiormente: "Senhor Deus, eis-me aqui sozinha e abandonada a ti, neste lugar". Envolta em tais pensamentos, eis que, de repente, Clara começou a ouvir as melodias solenes que ecoavam da Igreja de São Francisco, em Assis.

Assim, ouvindo o salmodiar dos Irmãos em São Francisco, conseguia até ouvir os cantores e o som dos instrumentos, coisa que não se conseguia só por meios humanos, mas pela força do Altíssimo. Mas o mais admirável é que a Irmã Clara até viu com os seus olhos o presépio do Senhor.

Quando, no fim das solenes cerimônias, as Irmãs foram visitá-la, dispostas a consolá-la por não ter participado na Festa do Natal do Senhor, disse-lhes a Irmã Clara: "Louvado seja o Senhor Jesus Cristo, que não me deixou só, quando vós vos retirastes. Pela graça de Deus, pude ouvir todas as solenidades, que se celebravam esta noite na Igreja de São Francisco".

Quando, nos tempos modernos, depois da Segunda Guerra Mundial, começou-se a usar um novo meio de comunicação, a televisão, que leva às residências os acontecimentos mais remotos que se passam neste mundo, procurou-se um padroeiro para este novo meio de comunicação. Então, o Papa Pio XII, lembrando-se deste acontecimento da vida de Santa Clara, declarou-a padroeira da televisão, através do Breve Apostólico *Clarius Explendescit*, de 14 de fevereiro de 1958.

Talvez por essa razão Santa Clara é invocada, em alguns países, também como padroeira dos jornalistas.

31

De como Santa Clara se tornou padroeira dos casais com dificuldade de ter filhos

Além das Irmãs de São Damião, também alguns leigos testemunharam no Processo de Canonização (PC 16,4). Um deles foi o Senhor Hugolino de Pedro Girardone, cavaleiro de Assis, um cidadão muito influente na cidade, que, durante o ataque dos mouros, era o responsável pela defesa de Assis.

Por razões várias, viveu separado da esposa, de nome Guiducia, durante vinte e um anos. Dizia-se até que tratou mal a mulher por esta não lhe dar descendência e, por isso, ela voltou para a casa dos seus pais.

Um dia, alguém informou o Senhor Hugolino de que a Irmã Clara desejava falar com ele. Mesmo dentro do seu convento, Clara sabia dos problemas das pessoas e procurava ajudar, na medida do possível.

Hugolino dirigiu-se, então, a São Damião, e Clara contou-lhe que, numa visão que teve, foi-lhe revelado que ele deveria se juntar à sua esposa e que ela lhe haveria de dar um filho, que lhe daria grande consolação.

O Senhor Hugolino ficou muito desconfiado desta visão, e até desagradado por ver que a sua vida andava nas bocas do mundo. O que as freiras têm a ver com a minha vida, pensou ele.

Mas, passado algum tempo, sentiu uma vontade enorme de procurar a sua esposa e de recebê-la de volta, depois de tantos anos de separação. E, tal como tinha prometido a Irmã Clara, passados alguns meses, nasceu-lhes um filho, o que o encheu de enorme alegria.

Por esta razão, em alguns países, sobretudo na América do Sul, mas também na Europa, Santa Clara é invocada como padroeira dos matrimônios com dificuldade de terem filhos. É costume em algumas terras as pessoas oferecerem ovos a Santa Clara, os ovos de Santa Clara, símbolo da vida e da fecundidade.

Na Espanha há outra tradição ligada a Santa Clara e às Irmãs Clarissas. Ainda hoje acontece que senhoras grávidas batem à porta dos mosteiros pedindo cordões franciscanos com três nós, mais finos e mais pequenos, para usar durante a gravidez. Segundo conta a tradição, a mãe de São Francisco de Borja seguiu este costume para ter um parto feliz.

Como também há quem evoque Santa Clara como padroeira das mulheres que são vítimas de maus-tratos, como parece ter sido Guiducia, a mulher de Hugolino.

32

De como Santa Clara se tornou padroeira das bordadeiras e fiadeiras

A Irmã Cecília lembra-nos, no Processo de Canonização (PC 6,14), que a Irmã Clara nunca estava ociosa. Mas o trabalho para ela e suas Irmãs não era uma penitência, ou só uma forma de combater a ociosidade.

Em São Damião, trabalhava-se para sustentar a comunidade, e também para partilhar com os muitos benfeitores e com os pobres o fruto do seu trabalho.

Como pobres, viviam do trabalho e, quando era necessário, recorriam à mesa do Senhor, à esmola, por meio dos Irmãos e de algumas Irmãs que pediam esmola para o convento.

A Irmã Clara esteve doente durante muitos anos. Às vezes passava muito tempo sem poder se levantar da cama. A Irmã Francisca refere que, durante muitas horas do dia, só tinha a companhia de uma gatinha que havia no convento. Um dia precisou de uma toalha, e foi a gatinha que tentou ir buscá-la. E a Irmã Clara comentou: "Tontinha, não vês que não és capaz, que a arrastas pelo chão?" (PC 9,8).

Mas, segundo a Irmã Cecília, até quando estava muito doente, pedia que a levantassem da cama para poder fiar. Depois, mandou fazer "uma tela fina, da qual cortaram muitos corporais e bolsas para guardá-los, todas guarnecidas com seda e pano precioso".

Mandou-os depois ao bispo, para os benzer e distribuir pelas igrejas e capelas dos arredores de Assis. Chegou a juntar cinquenta (PC 9,9; LSC 28).

Não admira, pois, que em muitos países Santa Clara seja a padroeira das bordadeiras e das fiadeiras.

33

De outras profissões que têm Santa Clara como padroeira

Não é difícil perceber que Santa Clara é uma das santas mais populares do mundo cristão. Há, por esse mundo afora, ruas, fontes, ilhas e cidades que levam o nome de Santa Clara.

Já vimos como é invocada como padroeira dos matrimônios estéreis, da televisão e jornalistas, das bordadeiras e fiadeiras. Mas também é invocada como santa dos vidreiros, talvez pelas vezes que fala do Espelho, que é Jesus Cristo, imagem do Deus invisível.

E ainda é invocada, em certas terras, como padroeira dos juízes. Na França é invocada como padroeira dos cegos. E no Chile, Santa Clara é conhecida como a santa dos pobres. São Damião era o refúgio de todos os pobres.

E também os navegantes a escolheram como sua protetora[28]. Há histórias do século XIII e XV

---

28 Sobre as profissões que evocam Santa Clara como padroeira e sobre os símbolos iconográficos, cf. TRIVIÑO, M.V.

que explicam a razão por que os navegantes a veneram como protetora.

Conta-se que na cidadela de Menorca, em Baleares, edificou-se um convento de Irmãs Clarissas, numa escarpa perto do mar, com igreja e torre, que eram vistas de muito longe.

Havia uma Irmã que todas as noites acendia uma lamparina no cimo da torre. E era por essa lamparina que os navegantes, perdidos no alto-mar, se orientavam. E quando o mar estava bravo, olhando para aquela luz, encomendavam-se a Santa Clara. E, quando voltavam, iam à igreja do convento agradecer as graças recebidas.

E conta-se também que Cristóvão Colombo e seus homens, numa noite de grande aflição, por esses mares desconhecidos, se voltaram para Santa Clara, prometendo que, se não morressem, votariam sortes em um dos marinheiros, para que, em nome de todos, velasse uma noite inteira no convento da Santa Clara, em ação de graças.

E, de uma das vezes, a sorte caiu em Cristóvão Colombo, que durante uma noite velou na igreja do convento. E tão satisfeito ficou, que mudou o

---

La via de la beleza – Temas espirituales de Clara de Asís. Madri: BAC, 2003, p. 17-19 [Col. Estudos y Ensayos].

nome da caravela de Santa Maria, que, a partir de então, passou a chamar-se Santa Clara.

Às vezes parece até que Clara é uma lenda. Mas não! Clara de Assis é uma pessoa histórica. Com ela e com Francisco de Assis aprendemos que em cada tempo devemos ter a mesma preocupação que os santos de Assis tiveram no seu tempo: dar um valor cristão às novas formas de existência com que se depararam. O mesmo temos nós de fazer, neste tempo em que vivemos.

Ainda hoje podemos tê-la como modelo, como espelho e caminho de vida cristã, como uma santa que nos deixou uma espiritualidade própria, que pode ser inspiração não só para as Irmãs Clarissas, mas para o mundo franciscano e toda a Igreja.

Com ela, a irmã cristã, aprendemos a ser cristãos hoje, capazes de dar forma de vida cristã às realidades novas com que nos enfrentamos.

34

Símbolos iconográficos que representam Santa Clara

Báculo: atributo dos bispos, como pastores que guiam, ensinam e corrigem o rebanho, e que, mais tarde, foi também usado na vida religiosa pelos abades e abadessas dos mosteiros da tradição beneditina. Em alguns conventos de Irmãs Clarissas, que não professavam a Regra de Santa Clara, as abadessas também tinham o direito de usar báculo.

Açucena: o símbolo da açucena está ligado à pureza e virgindade cristã. A açucena é atributo da Santíssima Virgem, presente na iconografia da Anunciação.

Palma: símbolo ligado ao martírio e também à santidade em geral. É ressonância de visão apocalítica dos santos, com palma na mão (Ap 7,9).

Coroa e auréola: são atributos de santidade. Têm uma conotação mariana e recordam as palavras da Exortação *Audite*: "cada uma de vós será rainha, coroada no céu, com a Virgem Maria".

Livro: símbolo do conhecimento. Clara aparece com o livro do Evangelho e com a Regra, como a significar a sua categoria de fundadora e a primeira mulher que escreveu uma Regra.

Custódia: recorda o acontecimento da defesa do Convento de São Damião da invasão dos sarracenos. Recorda também o amor e devoção de Clara ao Corpo do Senhor, que faz dela uma pioneira da adoração ao Santíssimo.

Miniatura de São Damião: representa o convento, onde nasceu a Ordem das Irmãs Pobres.

Pão: evoca São Damião, refúgio dos pobres e doentes.

Conecte-se conosco:

f facebook.com/editoravozes

⊙ @editoravozes

🐦 @editora_vozes

▶ youtube.com/editoravozes

☎ +55 24 2233-9033

www.vozes.com.br

Conheça nossas lojas:

www.livrariavozes.com.br

Belo Horizonte – Brasília – Campinas – Cuiabá – Curitiba
Fortaleza – Juiz de Fora – Petrópolis – Recife – São Paulo

EDITORA VOZES LTDA.
Rua Frei Luís, 100 – Centro – Cep 25689-900 – Petrópolis, RJ
Tel.: (24) 2233-9000 – E-mail: vendas@vozes.com.br